基于多智能体分层强化学习的指挥决策方法研究

殷昌盛　杨若鹏　杨远涛
卢稳新　鲁义威　陶　宇　著

国防工业出版社

·北京·

内容简介

本书针对智能指挥决策中的不完全信息、复杂高维空间、多异构实体协同以及训练学习效率低下等问题，从多智能体强化学习和分层决策的角度出发，介绍了基于多智能体分层强化学习的指挥决策方法，重点围绕不确定条件下的分层序贯决策建模求解、高维状态动作空间下的策略搜索效率、大规模作战背景下多异构实体协同博弈和复杂策略空间下决策模型训练效率 4 个关键问题对相关方法技术进行介绍。

图书在版编目（CIP）数据

基于多智能体分层强化学习的指挥决策方法研究 / 殷昌盛等著 . -- 北京：国防工业出版社，2025.6.

ISBN 978-7-118-13765-1

Ⅰ. E141.1

中国国家版本馆 CIP 数据核字第 2025WY6214 号

※

国防工业出版社 出版发行

（北京市海淀区紫竹院南路 23 号　邮政编码 100048）

北京凌奇印刷有限责任公司印刷

新华书店经售

*

开本 710×1000　1/16　印张 12　字数 205 千字

2025 年 6 月第 1 版第 1 次印刷　印数 1—600 册　定价 59.00 元

（本书如有印装错误，我社负责调换）

国防书店：(010) 88540777　　　　书店传真：(010) 88540776

发行业务：(010) 88540717　　　　发行传真：(010) 88540762

前　言

作为军事智能化领域的一个重要分支，智能指挥决策已成为当前军事强国竞争和抢占的"制高点"。自 2007 年 DARPA 启动"深绿"计划后，Alpha AI 的亮眼表现，以及 DBM、TEAM-US、CVS、COMPASS 等系列后续计划的实施，无不展现了美军在该领域的高度关注和投入。智能指挥决策所带来的自主、速度、精度、控制规模等方面的优势在某些方面是基于人脑的军事决策方法难以匹敌的，其作为"颠覆性技术"所带来的军事影响和变革是巨大的。然而，当前研究中由于战争的特殊性，作战中所面临的战争迷雾、作战域多维、作战单元众多、作战行为多样等所映射在智能指挥决策中的非完备信息、难以抽象以及求解空间巨大等问题，制约着智能指挥决策的发展和实战应用。

本书针对智能指挥决策中的不完全信息、复杂高维空间、多异构实体协同以及训练学习效率低下等问题，尝试从多智能体强化学习和分层决策的角度出发，介绍基于多智能体分层强化学习的指挥决策方法，重点围绕不确定条件下的分层序贯决策建模求解、高维状态动作空间下的策略搜索效率、大规模作战背景下多异构实体协同博弈和复杂策略空间下决策模型训练效率 4 个方面相关方法技术以及实验验证过程进行介绍。

（1）针对不完全信息条件下分层序贯决策建模与求解问题，介绍一种基于多智能体分层强化学习的指挥决策模型和求解方法。采用多 Agent 分层架构对指挥决策实体进行抽象并对指挥决策实体建模；采用 MDP、POMDP、SMDP 构建不确定条件下分层决策行为模型；建立基于多智能体强化学习的指挥决策方法模型，探索解决多 Agent 协同决策求解问题。

（2）针对多智能体集中式指挥决策中的高维状态动作空间问题，介绍一种基于分层表征的多智能体集中式指挥决策方法。采用分层的思想，构建了基于最大熵随机策略梯度和 AC 网络的深度强化学习算法，通过基于分层的特征表达和动作策略输出，有效提升了高维状态动作空间下的搜索效率；通过基于全局态势评估的集中式训练和基于态势共享的集中式决策方法，可实现基于动作分层的多智能体集中式指挥决策。

（3）针对大规模作战背景下多异构实体协同博弈问题，介绍一种基于信息交互的多智能体分散式指挥决策方法。采用多智能体学习架构，引入注意力机制，构建基于图注意力网络的多智能体信息交互方法，实现智能体之间信息的高效融合；通过基于值函数分解的集中式训练和基于局部观测下的分散式指挥决策方法，实现多智能体协同决策。

（4）针对复杂策略空间下强化学习训练效率问题，介绍了一种基于知识驱动的智能决策模型训练优化方法。通过引入领域专家经验知识，构建基于知识导向的奖励函数塑形方法，解决作战奖励稀疏延时问题，使用基于专家知识的智能体初始化，解决了强化学习自博弈初始阶段的盲目性问题，最后采用基于虚拟自学习的联盟训练机制，有效提升了训练模型的稳定性。

（5）结合兵棋系统介绍了基于多智能体分层强化学习的指挥决策方法验证。以合成营规模战斗想定为背景，完成了基于多智能体分层强化学习的指挥决策实现，并从方法性能、模型稳定性和学习训练效率 3 个方面进行实验对比分析。

智能指挥决策是未来军事智能化发展的一个重要方向，是抢占军事科技制高点，是打赢未来具有智能化特征战争的客观必然需求。本书以智能指挥决策方法实现为研究对象，开展基于多智能体分层强化学习的指挥决策方法研究，受课题研究时间、硬件试验条件的限制，在智能指挥决策研究领域还有大量的问题亟待解决，具体包括以下几个方面。

一是复杂场景下多智能体自动分层方法研究。本书在研究基于多智能体分层强化学习的指挥决策方法中，利用分层思想有效提升了策略搜索效率，但具体的分层结构是针对具体的场景利用人为经验设计，其泛化能力受限。因此，开展基于端到端的自动分层方法研究是下一步提升本书方法适用性的必要一环。

二是与传统算法的混合加速方法研究。智能方法的泛化、对通用性决策问题较强求解能力与即时响应、对特定问题的最优求解之间矛盾是制约智能方法军事决策应用的瓶颈。针对大规模作战决策问题，如何充分利用不同算法的优点，扬长避短，研究面向不同智能算法与常规算法的混合优化算法，实现算法的效率提升和加速决策，是下一步推动智能指挥决策加速落地的重要一环。

　　三是领域知识工程构建与应用。本书目前研究的智能指挥决策方法聚焦于更易于抽象的战术行动层面，而将其推广至更高层级的指挥决策最需要解决的是如何基于领域知识对其进行抽象，同时对于自动分层和模型训练优化，领域知识也有着非常重要的意义。所以，从知识表示、知识学习和知识推理等方面加强对军事领域知识工程构建与应用研究是实现智能指挥决策推广应用的关键一环。

作者

2024 年 3 月

目　　录

第1章 概 述

1.1 本书研究背景及目的

1.1.1 研究背景

未来作战是多维作战域中各作战单元、作战系统有机聚合形成的具有很强鲁棒性、高敏捷性、柔性重构作战体系间的对抗[1]，所涉及的作战单元数量、规模是极为庞大的。面对如此巨大规模数量和空间，指挥员如何基于捷变的多维态势做出决策，寻求最优应对策略，在响应及时性、准确性等方面已是超越人脑极限的现实挑战。习近平总书记在党的十九大报告中提出"加快军事智能化发展"的重要论述，为我军军事指挥、军事装备、军事科技的发展指明了方向[2]。智能技术有机融入指挥活动，辅助指挥员甚至局部替代指挥员做出高效、敏捷的决策，是抢占军事科技制高点，打赢未来具有智能化特征战争的客观必然[3]。

作为军事智能化领域的一个重要分支，智能指挥决策已成为当前军事强国竞争和研究的热点。自 2007 年美国国防部高级研究计划局（DARPA）启动"深绿"计划后，Alpha AI 的亮眼表现，以及 DBM、TEAM - US、CVS、COMPASS 等系列后续计划的实施，无不展现了美军在该领域的高度关注和投入[4]。作为"颠覆性技术"，智能指挥决策所带来的自主、速度、精度、控制规模等方面的优势，对未来作战的影响和变革是巨大的[5]。

近年来，以深度学习（Deep Learning, DL）[6]为代表的智能技术在众多决策领域取得了瞩目成果，尤其是序贯决策等认知领域。2008 年，Schaul 等首次将深度学习与强化学习（Reinforcement Learning, RL）[7]结合使用开始，深度强化学习（Deep Reinforcement Learning, DRL）方法[8]在解决雅达利游戏、棋类博弈对抗、不完全信息的即时策略游戏（Real -

Time Strategy，RTS）等决策问题上取得了众多超越人类水平的成果[9]。棋类博弈可以看作是战争博弈的高度抽象简化，而 RTS 游戏具有多方同时操作、实时进行、不完全信息博弈等特点，与指挥决策过程具有高度的相似性[10]。同时，深度强化学习的试错学习机制与方法，契合了指挥员的经验学习和决策思维方式[11]。细分领域，当前人工智能解决博弈决策问题多采用 Agent 技术，其中由多个 Agent 构成的多智能体系统（Multi-Agents System，MAS）是解决协同博弈问题和实现群体智能的常用方法[12]，其主要是通过研究 Agent 之间的协同和交互问题，用以解决复杂实时动态多智能体环境下的资源分配、任务调度、行为协调、冲突消解等协同问题[13-16]。因而，借助深度强化学习、多智能体等技术为解决复杂作战背景下指挥决策问题成为可能。

然而，当前智能指挥决策领域研究中由于战争的特殊性，作战中所面临的战争迷雾、作战域多维、作战单元数量众多、作战行为多样等所映射在智能指挥决策中的信息非完备、信息不确定以及求解空间巨大等问题，制约着智能指挥决策的发展和实战应用。为此，本书结合未来战争作战指挥需求和军事技术发展趋势，选取"基于多智能体分层强化学习的指挥决策方法研究"作为本书选题，针对智能指挥决策中的不完全信息、复杂高维空间、多异构实体协同以及训练学习效率低下等问题，尝试从多智能体强化学习和分层决策的角度出发，开展基于多智能体分层强化学习的指挥决策方法研究，探索解决不确定条件下的分层序贯决策建模求解、高维状态动作空间下的策略搜索效率、大规模作战背景下多异构实体协同博弈和复杂策略空间下决策模型训练效率 4 个关键问题，构建可支撑作战辅助决策、方案推演、武器装备运用及战法训练研究的智能指挥决策方法，为指挥智能化和军事智能化发展提供强有力支撑。

1.1.2　研究目的与意义

本书重点介绍一种智能、快速的指挥决策方法，辅助指挥员获取 OODA 指挥决策周期中的时间优势，并最终转化为决策优势和行动优势，是本书研究的现实需求。本书期望在指挥决策模型构建、多智能体协同决策框架和分层决策方法等方面展开研究和突破，构建一种基于多智能体协同的指挥决策方法，具体包括以下几个方面。

（1）通过对指挥决策要素进行分析和抽象建模，将指挥决策问题转换成基于 MDP 的博弈问题，构建基于深度强化学习的指挥实体智能决策模型，为智能指挥决策研究提供理论支撑和模型基础。

（2）参考深度学习技术在 RTS 游戏决策领域取得的成功经验，设计一种基于深度强化学习的指挥决策方法，解决当前指挥辅助决策中战场标签数据获取困难、方案评估验证难等问题，为指挥智能辅助决策提出一个新的解决思路。

（3）基于多智能体技术在指挥决策和协同控制领域的应用前景，通过探索建立一种多智能体混合决策方法，解决复杂作战背景下的联合协同决策问题，为人工智能在指挥决策领域上应用探索技术方法与途径。

（4）通过研究基于策略分层的协同决策方法和知识驱动的模型训练优化方法，通过分层解决指挥决策动作-状态空间巨大、反馈延时等问题，利用人类经验知识加速模型收敛速度，为指挥决策智能化落地提供现实算法支撑。

（5）研究基于作战兵棋的智能指挥决策实验与验证，探索基于智能指挥决策的博弈对抗方法，为智能指挥决策应用和推广提供应用实践支撑。

1.2　智能指挥决策及其技术发展现状

1.2.1　智能指挥决策研究现状

1.2.1.1　美军智能指挥决策研究现状

美国作为世界上最早探索人工智能技术在军事指挥决策领域中应用的国家，早在 2007 年 DARPA 就启动了"深绿"计划，企图通过智能仿真技术与指控系统的结合来提升指挥员决策速度[17]。虽然该计划于 2011 年因经费等原因搁浅，但其采用平行仿真来预测敌方行动与态势发展的思路在当时令全世界耳目一新，成为美军乃至全球在智能指挥决策研究领域最具代表性的早期探索。

此后，DARPA 又陆续开展了大量与智能指挥决策相关的项目，如DEFT、Insight、XDATA 等，希望基于多模态情报数据实现态势的智能感知与处理，以及关键信息的智能挖掘与辅助决策[18]。针对实际的作战任务，DARPA 还研究开发了一系列智能指挥决策辅助系统。其中较为有名的包括：利用视觉信息进行态势认知和推理预测的 Mind's Eye 系统[19]；利用机器学习来帮助指挥员识别定位目标以及判断威胁程度的 TRACE 系统；采用人机协作方式提升指挥员认知速度和精度的 TEAM-US 系统及能够辅助飞行员决策和控制无人僚机的 DBM 系统[20]。

在发展相关技术的同时，美国在智能指挥决策领域还制定出台了一系列相关政策文件[21]。为在未来战争中获取主动权，美国于 2015 年 12 月首次提出了以智能化和自主化技术为支撑的第 3 次抵消战略，企图通过智能技术压缩 OODA 循环周期以获取决策优势和制胜权[22]。一年后，美国总统办公室针对人工智能技术及相关产业发布了《美国国家人工智能研究与发展策略规划》《为人工智能的未来做好准备》和《人工智能、自动化和经济》等多份发展规划报告，显示出美国对人工智能以及军事智能发展的高度重视[23]。

近年来，随着以深度学习为代表的智能技术快速发展，美国在智能指挥决策领域取得了一系列耀眼的成果。最具代表性的是 2016 年美国辛辛那提大学为美国空军开发的空战系统 Alpha AI[24]。其仅依靠售价 500 美元的普通计算机即可在模拟空战中实现比人类快 250 倍的指挥决策，并且可以指挥多架飞机在不超过 1ms 的时间内同时规避数十枚导弹的攻击，甚至以 100% 的胜率击败经验丰富的上校飞行员。2018 年初，DARPA 提出了"罗盘"（Collection and Monitoring via Planning for Active Situational Scenarios, COMPASS）项目，企图利用人工智能、博弈论以及建模评估仿真技术实现敌方意图识别和未来多步预测，为战区级指挥员提供态势分析和决策支持[25]。

综上所述，美军在智能决策领域的大规模布局以及以 Alpha AI 为代表的成果既给智能指挥决策研究发展指明了方向，也开启了全球军事智能竞赛的大幕。总体来讲，美军开展了大量智能化指挥决策项目，期望通过人工智能技术辅助指挥员进行作战指挥决策，虽然取得了许多傲人的成绩，但从现有公开资料来看，距离大规模实际推广应用还有一定的差距。

1.2.1.2 我军智能指挥决策究现状

我军智能指挥决策研究可以分为两个阶段。第一个阶段是传统智能方法阶段，主要是使用计算机技术，利用以军事运筹学[26]、专家系统[27]和贝叶斯估计[28]等方法开展指挥信息系统建设，即指挥自动化。如 20 世纪末由军事科学院研发的"进攻"一号军事专家支持系统[29]，就是一种典型的基于专家知识和规则的指挥决策辅助系统。其主要基于大量事先准备好的军事规则，利用军事运筹学方法实现作战方案的自动生成。空军指挥学院则通过复杂的空中军事打击任务进行建模和仿真，利用知识库实现打击方案的自动分析、修订和优选[30]。军械工程学院以时间最少为目标，使用贝叶斯网络建立了战场抢修优化顺序决策模型，并在战场车辆维修案例中进行了验证[31]。这些早期的智能指挥决策研究虽然取得了一定的效果，但受限于专家知识和规则等，其在适用性和灵活性方面存在较大局限[32]。

第二个阶段是现代人工智能方法阶段，主要以深度学习[33-35]为代表。其中国防大学团队采用深度自编码器、长短时记忆网络等技术对态势理解、战术意图识别、作战效果评估、决策推理等方面进行了深入的研究，在仿真系统中进行了实验验证[36]。国防科技大学研究了基于逆向强化学习的舰载机甲板调度优化方案生成方法，基于地形的战场火力势算法，策略集不确定条件下的对抗策略[37]。陆军工程大学提出了一种基于深度 Q 网络的逆向强化学习的陆军分队战术决策技术框架[38]，在解决分队战术行动决策上取得了一定的效果。海军航空大学针对航空兵智能空战应用[39]，从智能决策评估方法的有效性、实时性和鲁棒性等方面展开了研究。中国电子科学研究院提出了一种基于大数据的军事情报分析与服务系统框架，并设计了陆军指挥所模型自主生成作战计划的方法[40]。

近年来，军委科技委、装备发展部等部门也陆续组织了以兵棋为对抗平台的 AI 对抗博弈挑战赛，以中科院自动化所、国防科技大学系统工程学院、国防科技大学信息通信学院、国防大学联合作战学院为代表的 AI 团队在比赛中崭露头角。虽然大部分 AI 智能水平在很大程度上还是依赖于知识规则的提炼，但大部分团队对基于深度强化学习的模型优化开展了众多探索，在全国、全军初步形成了军事智能博弈的良好氛围和导向[41]。

总体上讲，当前国内外基于认知智能的指挥决策方法研究还处于起步阶段。一方面，由于作战样本数据的缺乏，取得效果相对较好的研究多是基于监督学习、半监督学习或者与知识规则相结合的方式；另一方面，虽然深度强化学习方法在 RTS 游戏决策领域的成功，为指挥决策智能化提供了可能，但同样存在指挥决策空间巨大、奖励稀疏等问题[42]，当前关于这方面的研究还处于理论探索阶段，距离实际应用还有很长的路要走。

1.2.2 强化学习研究现状

1.2.2.1 强化学习算法发展概述

机器学习共有 3 个分支：有监督学习、无监督学习、强化学习[43]。其中强化学习主要通过智能体不断与环境的交互，选择合理的行动以最大化累计回报的过程，其与人类智能中经验知识获取和决策过程不谋而合[44]。特别是近年来深度强化学习在以 AlphaGo[45]、AlphaZero[46-47]、AlphaStar[48]等为代表的机器智能领域的突破，进一步展现了强化学习在解决复杂决策问题的能力，成为人工智能研究领域的热点[49]。

强化学习的概念由 Minsky 在 20 世纪 50 年代第一次提出[50]，其主要是通过智能体与环境进行交互并获取反馈，并以累积回报最大为目标进行学习[51]。传统的强化学习无法解决复杂高维空间问题[52]，直到深度学习技术出现和迅猛发展，基于深度神经网络的强化学习方法得到了广泛研究和应用，即深度强化学习[53]（下文如不做特殊说明，强化学习均为深度强化学习）。

按照环境模型是否已知，强化学习可分为有模型强化学习（环境模型已知）和无模型强化学习（环境模型未知)[54]。其中环境模型主要是指状态转移函数和奖励函数，即在智能体动作影响下环境状态的转移规律[55]。有模型强化学习一般使用动态规划方式求解，最为常用的是 Bellman 方程迭代方法[56]。无模型强化学习主要通过采样的方式与环境进行交互学习，当前主要研究的方法可以分为 3 类：基于值函数的强化学习方法、基于策略搜索的强化学习方法、基于环境建模的强化学习方法[57]。

（1）基于值函数的强化学习。其核心思想是将强化学习模型中的状态值函数、状态动作值函数或策略函数用一个显性函数近似表示，其中近似函数可以是线性函数、决策树、核函数和神经网络等[58]。其中深度神经网络是近年来在强化学习值函数近似方面应用最为广泛和成功的函数[59]。最为典型的应用开始于 2013 年 DeepMind 团队在 NIPS 上提出的 DQN（Deep Q-networks）算法[53]，其基于值函数的泛化逼近方法有效解决了强化学习的"维数灾难问题"，但在 Q 函数逼近过程中存在不稳定的现象。为解决部分可观察的马尔可夫决策问题，Hausknecht 等[76]提出了基于循环神经网络与强化学习相结合的 DRQN 算法，在实验环境中取得了远优于 DQN 算法的效果。典型的值函数近似方法还有 TD[60]、Sarsa[61]、Q-learning[62] 等时序差分的强化学习算法，它们虽然在很多实际问题中取得了不错的效果，但其难以求解动作空间比较大和随机性策略问题，以及无法对连续动作空间问题进行建模等。

（2）基于策略搜索的强化学习。其核心思想是将策略参数化，通过不断修正策略的参数求解最优策略[58]。Silver 等[63] 提出了确定性策略梯度算法（Deterministic Policy Gradient Algorithms, DPG），并结合了 Actor-Critic 框架和 Q-learning 算法，与基于值函数近似的方法不同的是将策略定义为一个确定性的策略函数，这样在训练模型时，就不需要考虑动作空间的大小或是否连续，能够提升连续动作空间问题求解中对于梯度的估计效率和准确性。DeepMind 团队的 Mnih 等[65] 针对经验回放的深度强化学习方法存在对内存和计算能力要求较高的问题，提出了异步梯度下降的深度 Actor-Critic 框架，在多个实例化的环境中，并行地执行多个智能体用于神经网络控制器的优化，与 Sarsa[61]、单步 Q-learning[62]、多步 Q-learning[64] 和 Actor-Critic[65] 等强化学习算法结合实现了对深度神经网络的训练，并取得了更好的效果。除此之外，基于策略梯度的方法还有可信赖域策略搜索算法 TRPO[66]、随机价值梯度 SVG[67]、引导策略搜索算法 GPS[68]、近端策略优化算法 PPO[69] 和广义优势估计算法 GAE[71] 等几种典型方法。

（3）基于环境建模的强化学习。其核心思想是通过建立环境模型来产生模拟经验样本[58]。对于某些智能体与环境的交互成本较高的情况，基于环境建模的强化学习通过建立环境模型来模拟经验样本，可以减少采样次数，或者无需从真实环境中进行采样[72]。Sutton 等[73] 提出的 Dyna 框架是一种典型的基于环境建模的强化学习方法。其基本思想是利用与真实环境产生的经验样本来进行环境模型的学习，而值函数或者策略函数的学习与更新则基于真实样本和环境模型产生的虚拟样本。虽然 Dyna 框架能基于真实样本来进行环境模型学习，并取得了不错的效果，但如何有效地对环境进行建模以及真实/虚拟样本间的取舍仍然是制约该方法发展的关键难点。

1.2.2.2 强化学习在决策中的应用

自 20 世纪 50 年代强化学习和 Bellman 提出的经典马尔可夫决策模面世以来[50]，人们对基于强化学习的决策方法开展了大量研究[74]。Watkins 在 20 世纪 80 年代末提出的 Q-Learning 算法则是进一步推动了强化学习的发展[75]。随着 21 世纪初 Hinton 等[6]提出深度学习开始，深度强化学习逐渐成为决策方法研究领域热点。最具代表性的是 2013 年由 DeepMind 团队提出的 DQN 算法[53]，其将深度卷积神经网络应用于强化学习算法中，在大量视频游戏中取得了超越人类的成绩。3 年后，该团队又发布了另一项具有划时代意义的智能决策研究成果——Alpha Go，并以 4:1 的比分完胜世界围棋冠军李世石，令全世界瞩目[45]。Alpha Go 虽然创新性地采用了蒙特卡罗博弈树搜索和深度强化学习相结合的方法，但仍使用了大量人类棋谱数据，在一定程度上限制了该方法的推广。为此，2017 年 Silver 等在 Alpha Go 基础上又推出了改进版本 AlphaGoZero[46]，其在没有任何人类棋谱数据的条件下完全依赖基于强化学习的自博弈产生样本数据，实现了对围棋高手以及 Alpha Go 的完胜。而后，该团队又将该算法推广至国际象棋、日本将棋等 4 类游戏，提出了一种更为通用的技术框架 AlphaZero[47]。2019 年，DeepMind 团队在 *Nature* 中介绍了一种新型的多智能体强化学习策略[129]，其不仅能够在游戏雷神之锤中学习如何夺旗，而且制定了全新的团队协作策略。

1.2.2.3　当前基于强化学习决策的瓶颈

虽然目前基于强化学习的决策方法在诸多领域取得了不错的效果，但仍然面临着一些技术瓶颈需要解决[77-79]。一是不稳定性。在深度学习中调参非常重要，在深度强化学习中尤为明显。由于强化学习是通过交互试错来不断迭代优化模型，所以其初始阶段对训练参数尤为敏感[80]；同时，试错机制在一定程度上也降低了样本的利用率[81]，首先试错过程中成功率会直接影响有效样本的产生效率，其次在序贯决策中为避免过拟合，通常需要从大量不同的完整对局中进行采样[46]。二是超参数优化困难。虽然近年来各种深度学习算法被不断提出和改进，但超参优化却一直是深度学习领域似乎永远无法回避的问题[82-84]。有许多研究者针对超参优化提出了许多方法，但基本上都是解决一个问题又带来另一个问题，并没有从本质上解决这个问题，目前基本上都是依靠人为经验和大量的试验量来优化[85]。三是训练有效性。强化学习试错学习机制带来的最大问题是如何在未知策略空间探索和历史经验利用之间进行平衡，即探索（Exploration）与利用（Exploitation）的平衡[86-87]。过多的探索会降低成功样本的生成效率，而过多的利用又会陷入局部最优，降低学习效率，同时，在不同任务背景下不同阶段对探索与利用的权重分配需求也不尽相同[88]。

由于作战的特殊性，我们无法得到大量真实指挥决策样本数据，而基于有限的战争、演习样本数据又很难覆盖所有状态-动作空间，所以基于监督学习的指挥决策方法研究在预测和泛化能力上具有不可避免的先天不足[89]。不同于监督学习，强化学习通过自博弈和试错迭代可以在与环境的交互仿真过程中不断提升策略模型水平，使用深度神经网络实现从感知到决策的端到端的学习，这也使得智能指挥决策在理论意义上成为可能[90]。基于强化学习的指挥决策，其自博弈样本数据的真实性与可信度决定了学习策略的可信度，其主要依赖于仿真平台的抽象好坏。仿真平台环境不在本研究范围，本书是在假设仿真平台环境可信的基础上，对策略或行为的选择方法进行研究。

1.2.3　多智能体研究现状

多智能体系统（Multi Agent System，MAS）[91]是由多个智能体（Agent）组成的系统，智能体之间通过分享各自所获取的信息、目标、策略、行动构成 MAS 结构，以相互协作的方式来解决单个智能体因为个人能力、知识或资源上的不足而无法解决的问题或者能解决但效率低的问题[92]。自 20 世纪 70 年代问世以来，MAS 在众多领域得到了广泛应用，特别是为解决一些复杂问题提供了新的解决思路和更加高效的解决方法[93-96]。当前针对多智能体系统的研究主要有 3 个角度：多智能体系统体系结构、智能体之间信息交互方式以及智能体协同方法[97]。

1.2.3.1　多智能体系统体系结构研究

多智能体系统的结构通常分成集中式、分散式以及混合式三种[98]。这三种结构在指挥控制效率、协同交互和时效性方面各有优势，根据不同的应用背景和对象，围绕协作机制、信息交互机制和任务分配机制等方面可选择一种或多种相结合的多智能体架构。Parr 等[99]采用有限状态机的形式设计了多智能体分层架构，其将单个智能体的策略编码为有限状态机组合，并根据有限状态机的状态和当前状态来进行分层决策。Mohai-menianpour 等[100]针对多智能体协作提出了一种名为 ACTRESS 的协商式体系结构，实现了智能体间的主动协作，在实验测试中表现出了较高的容错性和灵活性。Dieterich 等[101]基于值函数分解提出了一种多智能体分层方法，其核心思想是按照任务分解的形式建立分层架构，分层架构中的每个智能体都有一个子任务策略需要学习，通过值函数分解的形式共同完成全局任务。Ferber 等[102]基于采样模块化的思想对多智能体系统的任务进行分解，将多智能体系统分为智能体、动作设计和控制三部分。目前，关于多智能体体系结构的研究有很多，但大部分集中在基于计算机仿真模拟的理论探索或者某些特定应用场景等方面[103-105]。

1.2.3.2 智能体之间信息交互方式研究

在多智能体系统中，所有智能体并不是简单地堆砌在一起，而是通过任务、环境或者其他因素耦合在一起，并相互影响、相互关联。单个智能体的感知、行动能力均较为有限，而多智能体系统之间通过交互实现各自动作、状态以及策略等信息的共享，可以有效提升系统效率以及完成更为复杂的任务[106-108]。目前，多智能体间信息交互最基础的方法有直接通信、信道广播、信息黑板等方式，以及针对一些具体问题提出的改进方法[109]。针对非平稳环境下的多智能体信息交互问题，Foerster 等[110]提出了基于深度循环 Q 网络的交互方式，采用回传的方式实现梯度信息交互和训练。Jiang 等[111]设计了一种基于注意力机制的信息交互模型，模型中智能体根据各自局部观察来决定其是否需要与其视野范围内的其他智能体进行交互，以及与哪些智能体进行交互。Amanpreet 等[112]采用门机制来控制智能体之间的交互，并能够在合作、竞争以及混合等全场景上适用。Sukhbaatar 等[113]针对 Dec-POMDP 问题提出了 CommNet 算法，通过使用一个大规模的前向神经网络作为策略网络，所有 Agent 间实现了基于广播方式的信息传递和共享，但是其采用遵循中心化训练中心化执行方式，在大规模多智能体环境中维度问题会影响其算法的效率和适用性。总体来说，目前关于多智能体信息交互的研究主要集中在交互形式、方式和流程上，对于带宽限制、时效限制等一定交互背景下的交互研究较少[114-115]。

1.2.3.3 多智能体协同学习方法研究

研究多智能体强化学习是解决大规模作战背景下协同指挥决策有效途径[116-117]。当前，解决强化学习中的多智能体协同方法可以分为两种：一种解决方案是多智能体独立 Q 学习（Independent Q-learning）[118]，将多智能体学习问题分解为多个独立的单智能体学习问题，但由于无法解决环境的非平稳问题，导致难以收敛；另一种解决方案是集中训练和分散执行（Centrallized Training and Decentralized Execution, CTDE）模式[119]，在训练阶段学习一个联合动作价值函数。但在训练过程中，每个智能体独立行动，没有直接通信，未利用通信机制带来的促进作用。此外，在执行过程中引入了智能体之间的通信学习（Communication Learning）[120]的方法允许每个智能体根据收到信息从而动态调整其策略，但是该方法构建复杂的通信交流网络，单个智能体无法独立进行自适应探索。

在传统合作型多智能体环境中，团队有一个共同的回报，每个智能体没有自己单独的奖励[121]。如果采用完全集中化训练（即将所有的智能体看作为一个智能体进行训练，观测空间、动作空间均为全局信息），全局回报无法体现智能体间的差异，也就区分不了每个智能体对全局回报的贡献，制约了不同智能体的探索和整体回报的上升；如果采用完全分散化训练（即所有智能体各自根据自己的局部观测和个体奖励进行训练），环境的动态性会导致学习不稳定，同时它的回报也无法判断是由它自己还是队友产生的，甚至会产生回报的误导。因此，多种高效的值函数分解方法被提出并已取得长足发展。

Sunehag 等[122]提出的 VDN 算法直接将每个智能体的 Q 值进行相加得到全局 Q 值，然后通过最大化每个智能体的 Q 值实现个体与全局之间的关系。这种简单的相加关系显然无法体现出不同智能体之间的区别。为此，Rashid 等[123]在 VDN 基础上设计了一种新的值函数分解方法 QMIX，即采用一个混合网络来拟合个体值函数与全局值函数之间的关系。QMIX 可以拟合更加复杂的值函数分解关系，但对单个智能体值函数的单调性进行了约束，降低了其适用性和实际效果。后续又有学者对其进行了不同方面的改进，其中 QTRAN 算法[124]提出一种由全局行动价值网络，个体行动价值网络和状态价值网络组成的新型结构，克服了 QMIX 中的单调性约束问题，但相对松散的约束使得其在实际应用中效果也较为一般。Qatten[125]算法则引入注意力机制，从数学理论上推导出全局值函数与个体值函数的一般关系，为值函数分解方法研究提供了新思路。

1.2.4　智能决策算法研究现状

当前以 Google、Facebook 为代表的研究单位在即时策略（Real-Time Strategy，RTS）游戏中开展了大量的 AI 研究，并取得了一定的研究成果[126-128]。RTS 游戏与作战指挥决策有着许多相似之处，基于 RTS 的智能决策技术对于研究指挥智能化技术有着重要的参考价值。

1. 2. 4. 1　行动序列规划技术

目前，行动序列规划技术主要有基于案例的规划、分层规划、行为树、目标驱动的自治、状态空间规划、演化算法、认知架构和空间推理等[129-131]。其中腾讯实验室针对王者荣耀 AI 提出的分层宏观策略模型（Hierarchical Macro Strategy Model）[132]，将学习策略分成三个层面分别进行学习。Ponsen 等[133]对现有动作序列使用演化算法中的变异交叉方式产生新的动作序列，实现了战略战术跨层的动作序列规划，但是由于未考虑对手的动态变化，该方法的在实际应用中具有较大的局限性。Weber 等[134]针对星际争霸中的行动序列规划问题，设计了一种基于 ABL 的目标驱动的自治（Goal-Driven Autonomy，GDA）系统，虽然在天梯上取得了不错的效果，但对领域知识要求较高。

1. 2. 4. 2　敌方规划识别技术

在战争迷雾背景下，敌我双方信息不透明，准确有效的敌方规划识别和意图预测可为我方决策提供重要的参考和帮助。目前，关于敌方规划识别主要采用规则匹配和尝试识别的思路，具体包括演绎式、概率式、回溯式和基于案例式 4 种[131]。Weber 等[135]设计的 GDA 系统在规划中实现了主动规划识别；针对星际争霸中规划前需要熟悉构建命令的不足，Synnaeve 等[136]采用基于对修建指令的回放方法实现了概率规划识别；Dereszynski 等[144]引入隐马尔可夫模型，通过建立对手不同状态下不同状态的转移概率实现对手规划识别，但前提是需要知道敌方的状态空间和状态转移规律，无法适用于陌生环境和对手；Mehta 等[145]使用传统的监督学习方式实现了 Wargus 游戏对手玩家的规划目标、命令以及行为识别，但需要大量经人类标注的历史回放数据，难以推广应用于作战中的对手意图识别。

1. 2. 4. 3　多智能体协作技术

智能体间的相互协作是多智能体有别于单智能体和发挥群体智能涌现特性的关键，也是实现智能指挥决策的重要基础[146-148]。目前，比较典型的研究是针对星际争霸、王者荣耀等 RTS 游戏 AI 开展研究。其中我国阿里巴巴认知计算实验室提出的多智能体双向协调网络（BiCNet）方法[149]，采用强化学习方式实现了无任何人类玩家样本数据情况下的多智能体协同学习；中国科学院自动化所针对战术级多智能体协同问题，在 Sara(λ) 算法的基础上使用参数共享的形式，提出了一种新型的多智能体梯度下降强化学习算法（PS-MAGDS）算法[153]，在星际争霸的微观操作中取得了较好的效果。DeepMind 在雷神之锤游戏中使用多智能体强化学习方法实现了多个智能体完成夺旗任务的团队协作策略学习[129]。

1.2.4.4　多尺度 AI 技术

由于战争的复杂性，对于不确定性背景下的多实体指挥控制，单一方法一般很难在智能指挥决策中取得理想效果，往往需要用到分层分类、分解聚合、方法融合等多尺度 AI 技术[150]。由于可以有效提升决策效率和方法性能，多尺度 AI 技术目前在即时战略游戏中也得到了广泛研究和应用[151]。其中三星公司在星际争霸 AI 研究中使用有限状态机和启发式搜索算法结合的方法[152]；Facebook 则分别使用区域级路径搜索对地图障碍派送侦查单位，使用深度卷积网络对历史数据学习策略，使用离线强化学习进行地图分析[153]；中国科学院自动化所在星际争霸的微观操作中则使用了强化学习与课程迁移学习（Curriculum Transfer Learning）相结合的方法[154]。除了在学习方法上使用多种方式结合的形式，腾讯在知识表达上也引入了多模态的特征表达方式，即"卷积特征+向量特征+时序特征"，从而降低了数据量[155]。

1.2.5　发展现状评述

综合国内外的研究现状可以看出，许多学者在智能指挥决策领域进行了大量研究并取得了一定的成功，但在以下几个方面仍然有很大的发展空间。

（1）在指挥决策过程中采用了比较单一的决策理论和方法，没有实现宏观和微观的有机结合。一是对微观层面研究优于宏观层面，越微观层面的决策，其更容易抽象和数据化，也就越适用于深度学习等方法，而宏观层面的决策涉及因素众多，难以合理抽象，即使现有部分研究实现了宏观层面的智能决策，但其合理性和普适性仍值得商榷；二是宏微结合困难，微观层面决策的反馈和状态评估都比较直接，但宏观层面存在反馈延迟等问题，以及微观操作与宏观决策的目标函数和评估函数的有机融合问题仍未很好地解决。

（2）未考虑或只考虑了某一方面不确定性因素，缺少不确定性因素对指挥决策的影响研究。一是规则不完备，现有的研究大多基于 RTS 游戏展开，虽说相对棋类游戏，RTS 游戏与战争已有很大的相似性，但由于游戏本身是人为设计，注定了其局限性，而现实战争则是招无定式、兵无定法；二是通用性不强，现有研究成果大多基于特定背景条件，在地图、作战样式或者规模上有一定的限制。

（3）片面追求数据的作用，忽视了指挥员在决策中的主导作用。一是由于战争的特殊性，它不像 RTS 类游戏，可以收集大量的历史数据，完全基于数据的学习不太现实；二是战争作为典型复杂系统，战争迷雾和指挥艺术决定了指挥决策难以完全依赖基于数据的理性计算，特别是对于较高层级的智能指挥决策实现，应当是"机器+指挥员"的智能模式。

1.3 本书整体内容框架

本书以智能指挥决策为研究对象，分别从军事问题建模、智能决策方法设计、模型方法验证三个层次，开展以多智能体深度强化学习为代表的智能技术应用于作战指挥决策问题的方法和关键技术研究。

1.3.1 主要内容

本书按照"提出问题、分析问题、解决问题"的思路，从"军事线、方法线、技术线"三个方面着手，对基于多智能体分层强化学习的指挥决策方法进行了介绍，如图 1.1 所示，具体分为 7 个方面。

（1）介绍智能指挥决策的基本内涵与需求。分析智能指挥决策的基本内涵，以从概念框架和内容体系上界定本书研究边界和明确研究对象；然后通过分析智能指挥决策可能带来的优势，明确其研究需求；最后基于指挥决策的机理和当前人工智能技术的原理，介绍当前智能指挥决策面临的技术瓶颈，为后续章节内容提供理论先导。

（2）基于多智能体分层强化学习的指挥决策方法策略和技术框架。比较当前应用于指挥决策的相关智能方法，分析多智能体强化学习方法在智能指挥决策上的适用性。在此基础上，从智能决策模型构建、智能决策方法、智能体协同和模型训练 4 个方面介绍本书研究的总体框架和实现流程，并提出 4 个相应需要重点突破和解决的技术难点问题。

（3）智能指挥决策模型构建。针对不完全信息条件下序贯决策建模问题，围绕联合作战的基本特点，重点对指挥实体决策行为的特点和基本要

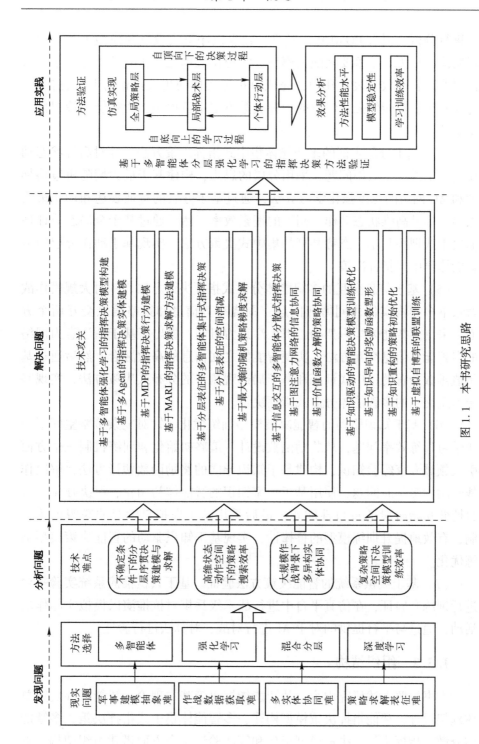

图 1.1　本书研究思路

素进行分析，引入 POMDP 等模型，建立以序贯决策行为模型为基础的战场实体、行为等军事要素映射模型，实现作战单元、作战环境等要素的特征提取融合与数学表征建模，完成对指挥实体的决策过程的形式化描述，建立基于多智能体强化学习的指挥决策方法求解模型，为智能决策提供模型支撑。

（4）基于分层表征的多智能体集中式指挥决策方法。针对高维状态动作空间下的搜索效率问题，采用分层的思想，构建基于最大熵随机策略梯度和 AC 网络的深度强化学习算法，通过基于分层的特征表达和动作策略输出，提升高维状态动作空间下的搜索效率，然后通过基于全局态势评估的集中式训练和基于态势共享的集中式决策方法，实现基于动作分层的多智能体集中式指挥决策。

（5）基于信息交互的多智能体分散式指挥决策方法。针对大规模作战背景下多异构实体协同博弈问题，围绕态势信息和策略信息交互两个方面，采用多智能体学习架构，引入注意力机制，提出了基于图注意力网络的多智能体信息交互方法，实现智能体之间信息的高效融合，然后通过基于值函数分解的集中式训练和基于局部观测下的分布式决策方法，实现基于信息交互的多智能体分散式指挥决策。

（6）基于知识驱动的智能决策模型训练优化。针对复杂策略空间下强化学习训练效率问题，从奖励函数设计、策略初始化和训练机制三个方面引入领域专家经验知识，构建基于知识导向的奖励函数塑形方法，解决作战奖励稀疏延时问题，使用基于专家知识的智能体初始化，解决强化学习自博弈初始阶段的盲目性问题，最后采用基于虚拟自学习的联盟训练机制，有效地提升训练模型的鲁棒性，实现基于知识驱动的智能决策模型训练优化。

（7）基于兵棋系统的智能决策方法验证。基于兵棋推演系统实验平台进行训练和验证，在仿真平台中进行战术级兵棋对抗推演以模拟实际作战活动，通过与平台提供的对手 AI 进行对战，对算法进行验证。

1.3.2 组织结构

本书按照上述研究内容，从智能指挥决策基本理论、智能指挥决策总体框架设计、智能指挥决策模型构建、多智能体集中式指挥决策、多智能体分散式指挥决策、决策模型优化和算法验证 7 个方面搭建组织架构，具体如图 1.2 所示。

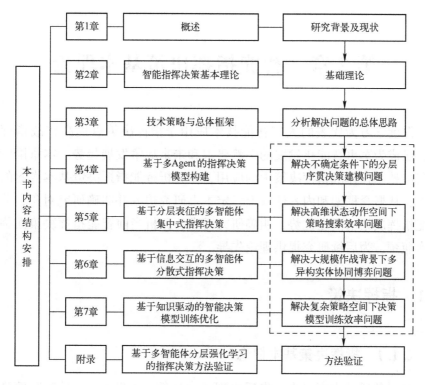

图 1.2　本书结构安排

第 2 章　智能指挥决策基本理论

深度学习为代表的人工智能技术应用于指挥决策以提高作战指挥效能，已成为军事智能化发展的必然要求和未来战争发展趋势。本章围绕人工智能技术在作战指挥决策中的应用，在分析智能指挥决策基本内涵的基础上，从概念框架和内容体系上界定本书研究边界并明确研究对象，分析智能指挥决策的潜在优势，明确研究需求，分析当前智能指挥决策面临的技术瓶颈，为后续研究提供理论先导。

2.1　指挥决策

2.1.1　指挥决策基本概念

自战争活动出现以来，先后出现了"庙算""运筹""兵法"等许多关于作战指挥决策的术语。20 世纪 20 年代，美国统计学家奈曼（J. Neyman）和皮乐逊（E. S. Pearson）首先提出决策的概念，又称决策分析[156]。20 世纪 70 年代至 80 年代，随着人们对军队指挥理论研究的不断深入，以及军队指挥学科的建立和发展，决策一词越来越多地出现在指挥理本书献中，并逐渐形成指挥决策这一专业术语[157]。

在《军语》（2011 年）[158]和《中国军事百科全书》[159]等军事类词典中并没有关于"指挥决策"的定义，但有类似词条描述。一个是"作战指挥决策"，是指挥员对作战目标、力量、方法及保障进行筹划与决断的思维过程[158]。另一个是"作战筹划"，是指挥员及其指挥机关对作战行动进行的运筹和谋划[159]。《作战指挥基础概论》[161]中也提出了作战决策的概念。《指挥决策学》[162]一书对指挥决策的概念进行了定义：指挥决策是军队指挥员及其指挥机关在指挥所属诸军兵种遂行作战行动的过程中，在一定的客观条件下为达到一定的目的，而进行的一系列筹划、优选和决断活动[162]。

　　要素，是构成事物存在和发展的最基本的条件，只有准确地确定事物所包含的具体要素，才能对其进行深入的研究。根据现代决策理论，任何一种决策，都包括 6 个基本要素，即决策主体、决策对象、决策信息、决策目标、决策环境和决策结果[156]。在《指挥决策学》一书中将指挥决策要素界定为：决策者、决策辅助人员、决策工具和决策信息等[162]。综合上述两种观点，本书采用六要素的观点，指挥决策各要素关系如图 2.1 所示。

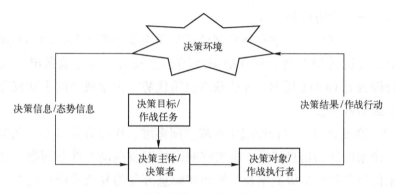

图 2.1　指挥决策要素关系构成示意图

　　（1）决策主体。在指挥决策中的决策主体是各级指挥员或指挥机关。

　　（2）决策对象。决策对象是决策主体进行决策的客体，即被指挥者。指挥决策的主客体是相对概念，所以本层级的决策主体在上一层指挥决策中可以是决策对象，本层级的决策对象在下一层指挥决策中可以是决策主体。

　　（3）决策信息。决策信息是决策主体进行决策的依据。决策信息是决策主体与决策对象之间的桥梁，其通过决策主体从决策环境获取，直接影响决策主体的选择。

　　（4）决策目标。决策目标是决策主体进行决策的导向，一般是作战任务。

　　（5）决策环境。决策环境是决策主体进行决策的容器，对应于作战环境，是决策主体、对象、信息存在和运行的载体，直接影响决策行为的效果。

　　（6）决策结果。决策结果决策主体进行决策的输出，也是一切决策活动的最终目的。

2.1.2 指挥决策面临的挑战

现代战争是基于网络信息体系的作战，战场空间、规模不断扩大，从陆、海、空、天等作域延伸至电、网、认知等无形作战域，战争节奏不断加快，联合作战力量多元，作战行动日益复杂，特别是大量高新技术武器、新概念武器投入应用，以及战场非透明造成的高对抗条件下博弈信息不完整、状态不确定等特性，对指挥决策提出了更高的要求，指挥决策主要面临以下几个方面的挑战。

（1）高时敏性。军事科技发展使得战争节奏不断加快，OODA 周期越来越短，战机转瞬即逝。只有根据战场态势及时、动态地做出判断和决策，打破敌方 OODA 周期，才能获取决策优势，占据战场的主动权并获得战争的最后胜利。

（2）高复杂性。联合作战中作战空间多维、作战力量多元、武器装备多样，带来的战场信息淹没、决策空间高维以及高动态性等问题，使得指挥决策的复杂程度呈级数增长。如何在瞬息万变的复杂战场环境中保持指挥决策的高效与稳定成为指挥决策必须面对的难题。

（3）高对抗性。大量新概念武器投入使用促成新的作战形态不断涌现、对抗手段日趋多样，各种对抗手段的破坏作用大大增强，特别是一些颠覆性技术的出现，使得指挥对抗更加激烈。作战体系在部分损毁或功能受限条件下仍能有效地指挥决策是未来战争必须解决的问题。

（4）高精确性。战场迷雾和信息淹没问题交织在一起，所带来的基于混杂信息的精确分析与不透明环境下对重要信息预测、研判给指挥员决策所带来的挑战是巨大的。如何实现对战场态势的精确认知、对作战行为的精准决策是未来战争指挥决策亟待解决的问题。

2.2 智能指挥决策

本节主要从智能指挥决策概念分析出发，首先分析其基本内涵，明确本书中智能指挥决策的范畴，分析智能指挥决策带来的优势及其面临的现实问题，为课题研究明确研究边界和提供理论基础。

2.2.1　智能指挥决策基本内涵

研究智能指挥决策，就离不开人工智能。自 1956 年人工智能首次被提出至今，半个多世纪的时间里人工智能发展出现了多次高潮和低谷。近十年来，随着计算能力大幅增强，物联网、大数据和云计算等技术的快速发展，推动人工智能迎来一波新的热潮。简单来说，人工智能研究的主要目的就是将人类从繁重的劳动中解放出来，让机器代理人类完成各项工作。

全国科学技术名词审定委员会在《管理科学技术名词》（2016 年）中对"智能决策"进行了定义：利用人类的知识并借助计算机通过人工智能方法来解决复杂的决策问题的决策[163]。当前，对于智能指挥决策一词在军事领域并没有专门的定义。结合"智能决策"的定义，通过归纳可将智能指挥决策定义为：利用人类的知识并借助计算机，通过人工智能方法来解决军事指挥领域复杂的决策问题的决策。

同 2.1 节指挥决策要素构成一样，基于智能体的智能指挥决策虽使用计算机来辅助（部分替代）人来完成指挥决策，依然存在着上述必不可少的 6 个要素，如图 2.2 所示。

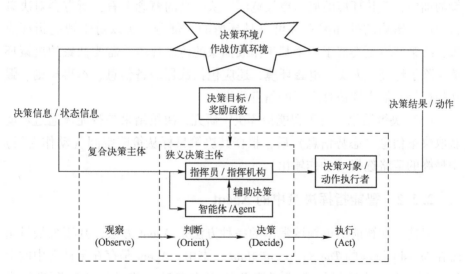

图 2.2　智能指挥决策要素关系构成示意图

与指挥决策要素内涵相比，智能指挥决策既有其共性的方面，也有其特性的不同，主要包括以下内容。

（1）决策主体。智能指挥决策的主体则是人与机的有机结合，人为主体，机为辅助，包括各级指挥员或指挥机构以及具备辅助决策功能的智能体。智能指挥决策最终决策权在人，智能体起辅助决策作用，在部分应用场合经指挥者授权后智能体可全权代为决策。

（2）决策对象。在智能指挥决策中，决策对象则是不同层级的智能体，根据决策的层级智能体可以是决策主体或决策对象。

（3）决策信息。指挥决策的信息，是指挥员、指挥机关和部队遂行作战行动有关的敌情、我情、友情，尤其是阵地毁伤、力量减员等诸多方面的态势信息，这些态势信息经过一定数据化处理，成为计算机程序可识别与使用的数据后，即成为智能指挥决策的决策信息。

（4）决策目标。对于智能指挥决策，其决策目标是对现实作战目标的抽象，一般是以奖励函数的形式出现。在智能指挥决策问题中，不同智能体的决策目标也是由其实际代理的决策实体和决策层级所确定。在智能指挥决策中，决策目标的抽象适当与否在一定程度上决定了智能指挥决策的效果。

（5）决策环境。对于智能指挥决策，其决策环境同样是对现实作战环境的抽象，但其环境的概念更加宽泛。从广义的概念上看，所有会对决策行为产生影响的外部因素都可以是环境的一部分。所以对于智能指挥决策，决策环境更类似于一个基于作战抽象的仿真环境，需要抽象的决策环境，除了地理、人文、电磁环境，还应包括武器装备信息、军事规则、毁伤规律等其他支撑仿真运行的信息要素。

（6）决策结果。对于智能指挥决策研究，决策结果是智能体通过环境获取决策信息（态势信息）后，根据其决策目标从策略空间（动作空间）中最终的策略选择（动作输出）。

2.2.2　智能指挥决策中的 Agent

目前，在智能决策领域常用的一种方法是 Agent 方法，其概念最早出现在 Minsky 撰写的 *The Society of Mind* 一书中：Agent 是存在于社会中的个体，而这些个体通过协商或者竞争的方式来对一些矛盾或问题进行求解[164]。在计算机仿真领域，Agent 可以看作是能完成一些任务的功能黑箱[165]。在 AI 领域，Agent 的概念不同于传统的认知，更强调 Agent 应具备类似知识、信念、意图等人类才具有的特质，故也称为智能 Agent 或智能体（下文如不做特殊说明，所指 Agent 均为智能 Agent，简称智能体）。这种 Agent 的结构通常可以设计为感知、决策和执行三个功能模块[168]，如图 2.3 所示。

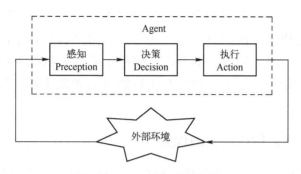

图 2.3　Agent 模型架构框图

其中本书研究对象为智能指挥决策，故 Agent 的感知和执行功能不在本书研究范围内，感知和执行功能主要基于仿真平台实现，本书聚焦于 Agent 的决策部分。

使用 Agent 表示代理或辅助人类完成指挥决策，最为直接的思路就是按照作战指挥决策层级架构，建立如图 2.4 所示的智能体分层决策架构。

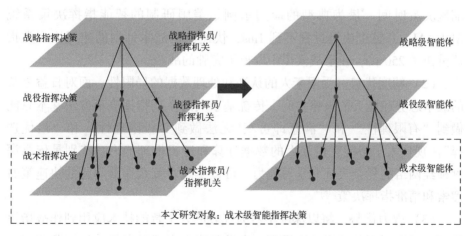

图 2.4　智能指挥决策层级架构

这种完全按照实际指挥层级架构建立的智能体结构所面临着的最大问题是如何进行抽象。因为越高层宏观的指挥决策，其更多的是指挥艺术问题，更依赖于指挥员的思维创造，其决策任务也更加难以抽象，决策空间更难以枚举。当前，人工智能技术水平仍处于弱人工智能阶段，即基于计算的智能阶段，其技术原理决定了当前智能决策方法本质上是在任务驱动下通过高效计算从高维决策空间寻找一个较优或者可行解，所以目前智能决策方法的研究主要集中在相对更容易抽象的底层微观行动控制与决策领域。因此，本书将研究的重心放在旅级及以下规模战术级指挥决策的相关问题上，研究基于智能体的智能指挥决策的相关方法和算法。

2.2.3　智能指挥决策的优势

指挥决策作为人类指挥员的一种高级思维活动，毫无疑问是艺术和思维的结合。随着人工智能技术的快速发展，智能技术在作战指挥各个环节的应用得到深入研究和发展，智能指挥决策带来的优势日渐凸显[166]。

（1）速度优势。"快速"是未来战争的一个主要特点，按照 OODA 决策周期理论，较快的决策速度往往会赢得作战先机，也就可以将时间优势转换为决策优势和作战优势。但是对于不同层级的决策，其决策循环周期是不同的。相比于人类指挥员，人工智能在决策上速度优势会体现得更为明显。利用反馈型人工神经网络，结合高性能计算机的运算能力，能大幅缩短决策时间。最为典型的应用示例是美国研制的智能指挥决策系统 Alpha AI，其整个决策过程不到 1ms，快速协调战术计划的速度比人类指挥员快了 250 倍，在空战模拟中取得了完胜的战绩。

（2）精度优势。受限于人的认知和处理数据的局限性，面对日益复杂的战争态势和庞大的策略空间，传统基于人的作战指挥决策方法基本只能做到"有限理性"和"满意即可"，无法做到"极限理性"和"最优选择"。现代人工智能凭借强大的数据计算和逻辑推理能力，特别是依靠深度神经网络的复杂表征和学习能力，可以实现对复杂作战问题的快速策略搜索和精准指挥决策[167]。

（3）智力优势。将以深度学习为代表的人工智能技术应用到作战指挥决策，可以利用其逻辑关联推理、自学习能力实现对态势的认知预测和决策。虽然指挥决策艺术目前很难代替和模拟，但人工智能技术在战术级的指挥决策及类似领域中展现出了惊人的能力。最为典型的是以 AlphaGo[45]、AlphaZero[46-47]、AlphaStar[48]、AlphaFold 为代表的智能体在博弈、指挥控制、预测等领域表现出了远超人类的水平，特别是 AI 在决策中表现出人类从未有过的新招式、新思路，对于战法创新、提升决策的鲁棒性具有重要意义。

2.2.4　智能指挥决策面临的现实问题

近年来，人工智能技术得到迅猛发展和应用，特别是以 DeepMind 研究的 Alpha 系列为代表的 AI 系统在决策领域取得了成功，让人们看到了智能指挥决策的未来。然而，不同于围棋或者 StarCraft 的 Mini-Game，作战指挥决策问题要复杂得多，其复杂性如表 2.1 所列。

表 2.1　智能指挥决策应用复杂性对比

应用领域	领域特点	应用现状/难点
棋类游戏	① 轮次博弈 ② 信息透明	已取得傲人成绩（AlphaZero 等[47]）
即时策略游戏	① 基于 Mini-Game 抽象简单 ② 信息交互无限制	在简化场景，结合监督学习已取得不错的成绩（AlphaStar 等[48]）
作战指挥决策	① 战争迷雾 ② 作战单元多域、多元 ③ 作战行为复杂	① 状态不确定性表征、奖励函数设计难 ② 高维空间下策略搜索效率 ③ 多实体协同与信度分配 ④ 高质量样本数据生成

（1）与围棋的换手博弈相比，作战是非轮次博弈问题，无法使用简单的互博弈来训练模型。

（2）与 Mini-Game 相比，作战问题如果抽象得过于简单，就会失去其现实意义。

（3）作战指挥决策存在战争迷雾、非单一目标、高维空间等一系列问题。

总体来说，简单地照搬现有方法难以有效解决智能指挥决策问题，需要从军事问题实际出发，有针对性地解决以下几个方面的现实问题。

2.2.4.1　军事建模抽象难

使用计算机技术解决作战指挥问题，首先要完成对作战指挥实体、行为的建模。任何系统均具有一定的结构和功能，而战争作为典型的复杂系统，其体系结构的分析和作战模型的构建自然也就成为研究智能指挥决策的前提基础。

战争是典型复杂系统，影响指挥决策的因素众多，如何将这些因素合理地抽象和建模，在真实反映战争博弈本质的同时尽可能简化模型，这是智能指挥决策的前提和基础。在抽象过程中，其难点主要反映在以下几个方面。

（1）军事实体抽象难。战场上实体众多，不仅包括决策实体和作战实体，作战体系中更多的是复合实体。如何将这些实体的属性、特征、能力等恰当并准确地抽象和模型化，是应用现代计算智能技术解决作战指挥决策的基础。

（2）作战环境抽象难。战场空间的全域性及各域对作战指挥决策影响因素的多样性，所需抽象的环境信息包含但不限于地理、电磁和信息等，还包括人文以及其他尚未能清晰刻画的影响因素，这些对象如何抽象是当前研究的一个难题。

（3）军事规则抽象难。军事规则不仅包含武器装备使用规则，还包括一些难以抽象的军事经验、法规条令等，这些若没有经过适当抽象，就丧失了军事理论、军事经验这座巨大的宝库，其研究即与普通游戏 AI 无异，智能指挥决策的研究价值也大打折扣。

2.2.4.2 策略求解表征难

现代人工智能是基于"数据+计算"的智能，特别是以机器学习为典型代表的智能技术。这种智能本质上是基于数据学习规律，对于指挥决策问题，就是使用数据模型来拟合表征策略模型。

传统的军事运筹学方法中，常使用决策树、状态机、动态目标规划等方法对策略进行建模，是基于给定策略空间下较为固化映射的表征模式。作战指挥是一个"思维+艺术"的问题，难以用某种固化的公式或者数据来表达。在策略求解表征中，其难点主要反映在以下几个方面。

（1）决策思维的不确定性。指挥决策作为人类思维活动一种形式，所固有的模糊性、不确定性，是目前以数据计算为基础的人工智能方法难以完成的。

（2）决策思维的复杂性。指挥员看似简单的信息关联、融合推理的思维活动，在计算机看来却是非常复杂的，仅仅是信息表征这一分支问题也是一个非常复杂的问题。

（3）决策思维的不可解释性。不同于理性的计算机逻辑计算推理，人类思维还存在很多难以解释的问题，如人的直觉，就很难用计算机技术来解决。因此，如何用数据模型来拟合表征人类指挥员的策略成为研究智能指挥决策的关键。

2.2.4.3　作战数据获取难

目前，人工智能本质是基于数据的智能，其代表性的方法是机器学习，而机器学习的本质是通过一定的算法从数据中学习规律或者模型，从而实现基于规律或模型的智能[150]。作战问题由于其特殊性，无法获取大量真实作战实例数据。在作战数据获取中，其难点主要反映在以下几个方面。

（1）战争复杂性和不可重复性。一方面，现存的真实作战样本数据多已具有一定的历史，受限于当时装备技术和作战样式的发展，这类数据的可用价值大打折扣；另一方面，受多种因素影响，现阶段的数据标准化、手段、机制还不够完善，也导致样本数据收集质量不高。

（2）数据体量相对不足。机器学习需要大量高质量样本数据，而现阶段通过演习获取的数据体量远远不够，而且受安全性和成本等因素限制，演训活动与实际作战相比，在对抗激烈程度、要素完整性、规则真实性上会存在一定的差距，也影响了数据的质量；最后对数据的清洗、加工、标注和整理工作不仅需要耗费大量人力、物力，还对加工人员的知识背景提出了一定的要求。

（3）人的因素难以量化。人在作战指挥决策中起着主导作用，而人脑活动是"思维+艺术"的结合，很多思维过程、经验知识、推理活动都很难用数据进行定量描述，这也从根本上导致高质量的作战样本数据难以获取。

2.2.4.4　多智能体间协同难

采用多智能体方法解决指挥决策问题是目前智能决策领域一种常用办法，相比于单智能体，多智能体通过智能体之间的交互、合作可以解决单个智能体在能力、知识或资源上不足而无法求解问题或求解效率低的问题[166]。但由于战争的复杂性和特殊性，特别是非单一目标、实体众多等问题，给多智能体的协同带来众多困难，主要反映在以下几个方面。

（1）维度爆炸问题。由于作战单元的增多，多智能体的联合状态-动作空间维度随智能体数量呈指数级增长，急剧提升了智能体间的协同和计算复杂度。

（2）目标奖励确定难。基于多智能体的指挥决策中，每个智能体的任务并不相同，如何将个体目标与全局目标相耦合是确定目标奖励函数的关键。

（3）非平稳性问题。多智能体系统利用个体自主能力可实现群体智能的涌现性，但这种群体智能会带来策略的非平稳性，即单个智能体策略改变时，其他所有智能体策略都会受到影响，严重影响算法的收敛。

第3章 基于多智能体指挥决策的技术策略与总体框架

本章针对人工智能技术应用于指挥决策面临的建模抽象难、策略拟合表征难、作战数据获取难、多智能体协同难4个现实问题，通过分析现有人工智能方法的原理，比较典型方法的可行性和适用性；基于对比分别提出相应的方法选择，从而提出本书的总体技术策略框架；针对具体方法实现提出了需要解决的技术问题。

3.1 智能指挥决策方法选择

3.1.1 指挥决策建模方法

在指挥决策建模方面，比较典型的方法有 Petri 网、Lanchester 方程、复杂网络和多 Agent 方法等，下面通过具体分析进行横向对比，具体如表 3.1 所列。

表 3.1 常用指挥决策建模方法对比

方法	优 点	缺 点	适 用 性
Petri 网	擅长描述并发和同步问题	① 无数据概念，导致模型庞大 ② 无层次概念，无法分层决策	描述并发和同步问题
Lanchester 方程	① 便于灵敏度分析 ② 适用于大、中、小等各种作战规模	① 只能描述确定性模型 ② 需要庞大数据输入 ③ 数学结构存在局限性，不能反映过程特性	指挥员灵敏度分析
复杂网络	① 关注作战节点之间的关系 ② 关注体系拓扑结构的关系 ③ 关注个体和整体的关系	没有考虑行为分析，无法对序贯决策行为建模	作战体系结构分析
多 Agent	① 交互行为关注作战行为的本质和演化规律 ② 自底向上易于研究宏观涌现性现象	多 Agent 结构设计依赖人为经验	群体智能行为

（1）Petri 网[169]方法是一种常用于描述和分析离散事件动态系统的建模方法，包括位置、转移、弧和令牌 4 类元素。在基于 Petri 网的指挥决策建模中，整个作战体系的静态结构和功能使用位置、转移、弧的连接关系来表示，作战行动和决策行为则用转移点火和令牌的移动来表示，该方法擅长描述并发和同步问题[170]。

（2）Lanchester 方程[170]建模方法采用聚合的方式将具有类似作战能力的战斗成员/单元进行抽象，使用微分（差分）方程描述其战斗损耗随时间的变化过程，具有对作战因素量化详细的特性，适用于多种作战规模下指挥员的灵敏度分析。

（3）复杂网络[171]主要从系统理论的角度，基于网络拓扑及其演化来研究个体与整体的关系。指挥决策建模中将作战单元抽象为作战节点，将指挥决策的信息流、控制流、依赖关系和交互影响分析转换成节点之间的关系与网络结构分析[176]，适用于体系结构、关系分析[177]。

（4）多 Agent 方法是将作战体系中的实体抽象成智能体（Agent），依靠研究智能体之间以及与环境的交互作用来研究群体涌现性现象的一种面向对象的建模仿真方法[171]。与传统的人工智能方法相比，它基于对作战单元的多分辨率抽象，不仅可以追求个体的智能决策行为，还可通过 Agent 之间的协同以及与环境的交互行为分析以解决大规模、异构、动态、分布式协同决策问题[178]。

综合上述分析，Petri 网方法虽然擅长解决并发同步问题，但模型庞大且无法适用于分层决策问题；Lanchester 方程方法采用方程量化便于指挥员灵敏度分析，但是数据输入庞大且无法解决不确定性问题；复杂网络虽然可以对复杂的体系对抗进行建模分析，但其主要关注作战节点和体系结构分析，在解决动态条件下的序贯决策行为建模分析上存在缺陷；多 Agent 方法在解决群体智能与协同问题上表现出较为明显的优势。因此，本书采取基于多 Agent 的方法对指挥决策建模。

3.1.2　策略求解表征方法

在智能决策研究领域，目前常见的策略求解方法主要有决策树、动态规划、启发式策略搜索和神经网络方法，下面通过具体分析进行横向对比，具体如表 3.2 所列。

表 3.2　常用策略求解表征方法对比

方法	典型算法	优　点	缺　点	适　用　性
决策树	CART、ID3、C4.5	① 可解释性强、易理解 ② 速度快、精度高	① 容易过拟合 ② 忽略属性相关性 ③ 泛化能力差	分类回归问题
动态规划	线性动态规则 整数动态规则	① 分段决策下单段计算量小 ② 能得到最优解	① 无法解决高维问题 ② 无统一处理方法	多阶段决策问题
启发式搜索	遗传算法 模拟退火 蚁群算法	① 实现简单 ② 易于和其他算法相结合	① 无法保证全局最优 ② 性能取决于具体问题和设计者经验	NP 难问题
神经网络	CNN、RNN、FNN	① 复杂非线性表征能力强 ② 鲁棒性强 ③ 学习能力强	① 不可解释性 ② 对算力要求高 ③ 调参复杂	复杂非线性问题

（1）决策树（Decision Tree，DT）算法[179]是一种朴素而又非常经典的机器学习算法，其首先是基于样本数据使用归纳算法构建决策树，然后基于决策树对新的数据进行分析和决策，典型算法有 CART[180]、ID3[181]、C4.5[182]等。DT 算法备受欢迎的最大原因是其可解释性强，基于样本数据的规则构建方法易于理解，同时离线决策时速度较快，能够在较短时间内针对大规模数据做出可行且效果量化的决策，适用于解决分类和回归问题。

（2）动态规划（Dynamic Programming，DP）方法[183]来源于运筹学，常用于求解决策过程最优化问题，自 20 世纪 50 年代创建以来，其在工程技术、工业自动化及军事领域得到了广泛应用。DP 方法主要是通过拆分问题、定义问题和状态之间的关系，然后采用递归的形式依次解决所有子问题，常见的动态规划算法有线性动态规划、整数动态规划和树型动态规划等[184]。由于其分而治之的思想，DP 适用于解决多阶段决策问题。

（3）启发式搜索算法[185]是相对于最优化算法提出的，其核心思想是在状态空间中进行搜索，基于搜索过程中的评估不断进行搜索更好的位置或策略，直至达到搜索目标或策略需求，常见的启发式算法有遗传算法、模拟退火、蚁群算法等。相比于盲目搜索算法，在恰当的启发式规则下启发式算法可以较为高效得到一个最优解或较优解，适用于解决 NP 难问题。

（4）神经网络方法[186]是近年来人工智能领域的研究热点，在智能决策领域展现出了巨大潜力。其主要通过大量的神经元及其可调的连接权值相互连接组成，基于深度学习的神经网络从理论上可以拟合任意复杂非线性关系。在作战指挥决策领域，使用态势等信息作为神经网络的输入，行动决策作为输出，结合适当神经网络训练算法可以有效求解表征人类复杂指挥决策行为[187]。同时，神经网络对于新样本和噪声样本具有较好的预测和容错能力，这点在指挥决策领域尤为重要，不仅可以提升不同作战场景下的指挥决策模型的泛化能力，还可以提高不确定性条件下决策的鲁棒性。

综合上述分析，决策树方法适用于对求解问题深度理解下的确定性问题求解，受样本知识影响较大，无法解决不确定性问题；动态规划则存在维度灾难问题，在解决高维复杂问题上会遇到瓶颈；启发式算法虽然实现简单，但其也是基于启发式规则设计者对问题的认知水平，同时还易陷入局部最优；神经网络方法的复杂非线性表征、泛化能力最强，刚好适用于不确定性条件下的作战指挥决策问题，虽然其系统理论的缺乏限制了决策结果的分析，但正是由于这种不可解释性为模拟人类思维和解决复杂决策问题提供了潜在可能。因此，本书采用基于深度神经网络的策略求解表征方法，如图 3.1 所示。

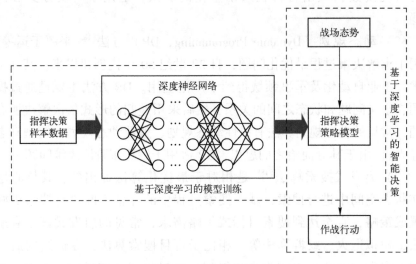

图 3.1　基于深度学习的策略求解表征

3.1.3　样本数据获取方法

以深度神经网络方法解决指挥决策问题，样本数据的获取是实现智能指挥决策的关键。目前，指挥决策样本数据的获取方法途径主要有三种：军事演习、模拟仿真和强化学习[17]。下面通过具体分析进行横向对比，如表 3.3 所列。

表 3.3　常用样本数据获取方法对比

方　法	优　　点	缺　　点	适　用　性
军事演习	① 数据最接近实战 ② 数据质量最高	① 获取成本高 ② 效率低	少量真实样本获取
模拟仿真	① 获取成本低 ② 效率高	样本质量依赖于仿真系统水平	仿真推演样本生成
强化学习	① 获取成本低、效率高 ② 随着模型迭代样本质量不断提升	样本质量一定程度上依赖于建模水平	大规模学习样本生成

（1）军事演习获得的样本数据最为贴近实战，但获取样本成本高、效率低，数据量远远达不到深度学习训练要求，同时，对于演习数据的收集和标签添加也是费时费力的工作。目前，我军已开始了多年作战数据工程建设，随着时间推移和数据的不断积累，并结合一些数据增强和扩充方法，我军数据建设未来一定会在智能指挥决策中发挥重要作用，但现阶段暂时还无法完全满足基于深度学习的智能指挥决策研究需要[188]。

（2）模拟仿真是指挥决策样本数据获取的重要方法，相比于实战演习，基于以兵棋为代表的模拟对抗推演和仿真平台可以快速生成大量样本数据[189]。基于模拟仿真的样本数据生成主要有两种形式：一种是完全基于内置的 AI 模型或者方案进行对抗推演，这种形式数据生成效率高，但是数据质量完全依赖于内置模型的水平，且泛化能力较差；另一种是基于对抗推演平台的人人对抗或人机对抗，这种形式效率稍低，但理论上如果有足够多的优秀指挥员对抗数据，可以有效提升决策模型的泛化能力。然而，这两种形式都是基于对抗仿真平台，所以平台的军事抽象建模水平在很大程度上也就决定了样本数据的质量[190]。

（3）强化学习[7]是一种重要的机器学习方法，其本身目的并不是样本数据生成，但是其自博弈思想却可以有效地解决样本数据生成问题。不同于监督学习和非监督学习对大量现成样本数据的需求，强化学习采取自博弈方式，通过不断与环境进行交互产生数据，同时基于数据不断更新模型来提高数据质量[191]。这种螺旋迭代式的试错学习机制，不仅可以解决样本数据问题，随着训练的迭代累积，还可以不断提升生成样本数据的质量[192]。但是基于强化学习的指挥决策样本生成也同样面临着军事模型抽象的问题[193]。

综合上述分析，基于军事演习的样本数据生成质量最高，虽然目前暂时无法满足深度学习的需要，但仍是我军需要重点发展的方向之一；基于模拟仿真产生的样本数据受限于仿真平台的模型抽象水平，样本的质量和泛化能力难以保证；基于强化学习的样本生成虽然在一定程度上也受军事模型抽象水平的影响，但其基于试错的学习机制可以不断优化样本质量，并且这种迭代式学习过程与人类认知过程相似，在围棋、即时策略游戏等多个领域已展现出解决复杂问题的潜能。因此，本书采用基于自博弈的强化学习方法来产生样本数据，具体策略如图 3.2 所示。

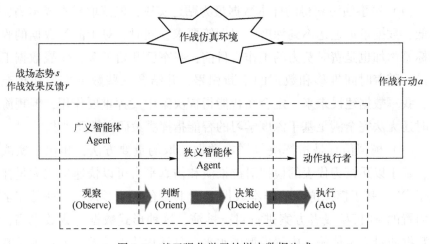

图 3.2　基于强化学习的样本数据生成

3.1.4　多智能体协同方法

多 Agent 系统可以有效解决群体协同问题，但是不同的多 Agent 运行组织方式会直接影响指挥决策效率和协同效果。根据运行时 Agent 之间的运行组织方式，多 Agent 协同方式可分为集中式、分布式和混合式三种结构[194]。下面通过具体分析进行横向对比，如表 3.4 所列。

表 3.4　多智能体协同方法对比

	方　法	优　点	缺　点	适　用　性
1	集中式协同	指挥效率高	① 决策空间大 ② 时效性低	小规模跨层级场景
2	分布式协同	① 能有效降低决策空间 ② 时效性高	① 作战任务难分解 ② 单个智能体反馈稀疏	同层级并行场景
3	混合式协同	① 指挥效率高 ② 能有效降低决策空间	分层依赖人为经验	大规模多层级场景

（1）在集中式多 Agent 系统中，整个系统或者部分 Agent 所组成的 Agent 组的协同控制都集中在一个核心管理 Agent 中[195]。这种集中式机制与分层控制决策并不冲突，即多个 Agent 组也可以继续组成一个更高一层级的多 Agent 组，对应也有一个更高一层级的核心管理 Agent 来负责下层核心管理 Agent 的协同。这种集中式的结构较为简单，但对于大规模多 Agent 系统的协同控制，由于协同交互复杂性增加，对担任核心管理功能的 Agent 的能力提出了较高的要求，不太适用于对实时性要求较高的场合[196]，如图 3.3 所示。

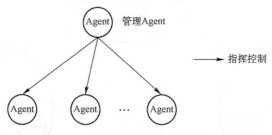

图 3.3　多 Agent 集中式协同示例图

（2）在分布式多 Agent 系统中，整个系统中不存在管理者 Agent，每个 Agent 有充分的自主性，即根据自身能力和所获取的信息进行决策和行动，而 Agent 之间的协同则是基于 Agent 间信息交互来实现的[197]。由于单个 Agent 的策略空间远小于所有 Agent 的联合策略空间，分布式的方法可以充分提高指挥决策效率，尤其适合对时效性要求较高的动态场合，但分布式多 Agent 的这种自主性会影响其在全局一致行为问题上的收敛效果[198]，如图 3.4 所示。

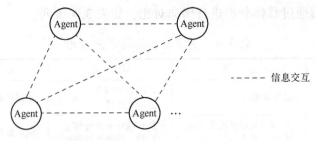

图 3.4　多 Agent 分布式协同示例图

（3）混合式多 Agent 系统则是综合了集中式和分布式两者的优点，既有管理 Agent，也有基于信息交互的自主协同[199]。在具体运行层面，管理 Agent 不仅对其成员 Agent 进行协同控制，同时还参与执行任务，而管理 Agent 之间的协同又可以通过信息交互或者高一层管理 Agent 来实现[200]，如图 3.5 所示。

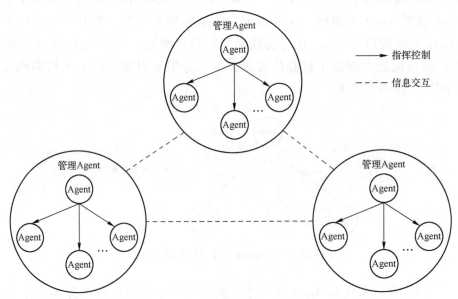

图 3.5　多 Agent 混合式协同示例图

综合上述分析，集中式方法简单易实现，具有较高的指挥效率，但是在 Agent 数据较多时会遇到维度灾难问题，不适用于大规模高时效性环境；分布式方法充分发挥了所有 Agent 的自主性，具有较高的时效性，但如何解决大规模的信息协同和策略协同是需要突破的难点[201]。因此，为避免上述两种极端情况，本书采取多 Agent 混合式协同架构。

3.2　基于多智能体分层强化学习的指挥决策框架

根据 3.1 节方法选择分析结论，确定解决 4 个现实问题的方法和总体技术思路，明确基于多智能体分层强化学习的指挥决策框架和实现流程。

3.2.1　技术思路

针对军事建模抽象问题，采用基于多 Agent 的方法对作战实体进行建模，充分发挥个体的智能决策和群体智能的涌现性；针对样本数据获取问题，采取强化学习方法，通过多 Agent 与仿真环境不断地进行交互获取质量逐步优化的样本数据；针对策略求解问题，采取基于深度神经网络进行模型训练和求解；针对多智能体协同问题，采取基于分层的混合式多 Agent 协同架构。因此，本书确定采用"多智能体+混合分层+深度学习+强化学习"的技术架构，简化为"多智能体分层强化学习"（下文如不做特殊说明，本书所指强化学习均为深度强化学习），如图 3.6 所示。

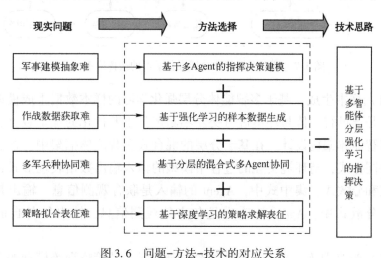

图 3.6　问题–方法–技术的对应关系

3.2.2　框架设计

根据上节思路分析，基于多智能体分层强化学习的指挥决策总体上以多智能体、强化学习、混合分层、深度学习等技术为依托，主要包括基于多智能体分层强化学习的样本生成模型和策略训练模型两部分，如图 3.7 所示。

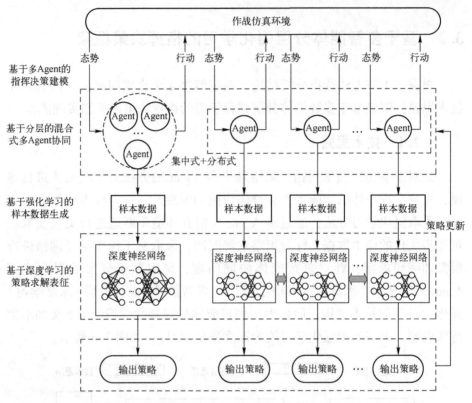

图 3.7　基于多智能体分层强化学习的指挥决策框架

（1）样本生成。基于多智能体分层强化学习的样本数据生成模型的作用主要是通过智能体与环境进行交互不断产生不断优化的样本数据，其关键是多智能体架构设计。在基于分层的混合式多智能体框架中，根据智能体的协同方式，与环境交互的过程中模型的输入输出数据表现形式也分为集中式和分散式。集中式中，Agent 的输入是联合观测信息，输出是联合动作；分散式中，Agent 的输入是各自的观测信息，输出是各自的行动选择。

（2）策略训练。基于多智能体分层强化学习的策略训练模型的作用是通过深度学习从样本数据中学到不断优化的策略模型，其关键是神经网络架构设计。根据智能体的协同方式，神经网络分为集中式和分散式。在集中式方式中，神经网络为一个整体的神经网络，Agent 之间的协同在神经网络内部实现；在分散式方式中，神经网络是由与 Agent 数量相同的多个神经网络组成，Agent 之间的协同在神经网络之间实现。

3.2.3　实现过程

针对基于多智能体分层强化学习的指挥决策方法具体应用，实现过程包括离线训练与在线执行两部分，实现流程如图 3.8 所示。

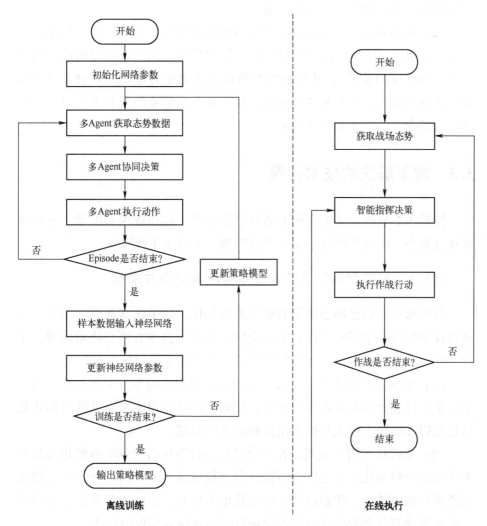

图 3.8　基于多智能体分层强化学习的指挥决策实现流程

（1）离线训练。主要是采用多智能体分层强化学习方法进行指挥决策模型的训练。首先初始化神经网络参数（智能体的策略），所有智能体根据当前的策略和获取的态势进行分层指挥决策，并执行相应的动作与环境进行交互，直到一个 Episode（单局作战）结束获得一个完整的样本数据；然后不断重复上述步骤获取样本数据，当累计样本数据量超过一定大小（Batch）后开始采样并将其输入神经网络进行训练，更新神经网络参数（智能体的策略）；按照上述步骤不断训练和更新策略模型直至训练结束，最后输出模型，如图 3.8 左侧所示。

（2）在线执行。主要是基于训练好的模型进行智能指挥决策应用。首先是获取战场态势，将战场态势进行数据化后输入到已训练好的神经网络模型（智能体的策略）；然后将神经网络的输出作为指挥决策命令下达给相应作战单元，作战单元执行相应作战行动；最后不断重复上述过程，直至作战结束，如图 3.8 右侧所示。

3.3　需要解决的技术问题

按照 3.2 节建立基于多智能体分层强化学习的指挥决策框架，在具体实现过程中，需要解决以下 4 个难点问题，如图 3.9 所示。

3.3.1　不确定条件下的分层序贯决策建模与求解

与零和完全信息动态博弈的棋类游戏相比，战争迷雾的存在注定了作战指挥决策是一个不确定性和不完全信息条件下的多方序贯决策问题。不同于完全信息博弈，非完全信息博弈建模会存在 3 个问题需要解决。

（1）指挥决策实体建模。针对序贯决策过程中的多方交互过程，以及不完全信息表示和不确定性因素等，如何采用数学模型来对其进行形式化描述是指挥决策工程化与智能化首要解决的问题。

（2）指挥决策行为建模。在完全信息条件下序贯决策一般使用马尔可夫决策过程和强化学习建模，而在非完全信息条件下，由于每个状态的效用值难以精确估计，状态的马尔可夫性也不成立，所以如何在信息不确定下的态势预测与决策行为模型构建是智能指挥决策实现的基础。

（3）指挥决策求解方法。与完全信息零和博弈不同，由于信息的不确定性和多方博弈策略依赖问题，不完全信息条件下多方博弈很难分解为可独立求解的子博弈问题。任务和策略分解是解决大规模决策问题的关键，所以如何选择有效的策略求解方法是研究的关键。

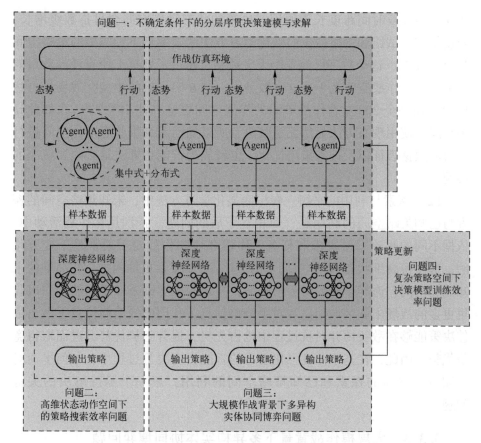

图 3.9　需要解决的技术问题

3.3.2　高维状态动作空间下的策略搜索效率问题

强化学习通过与环境不断进行交互试错来训练智能体水平，虽然能有效贴合人类学习思维模式，可以有效解决数据缺乏的问题，但是与复杂的人类大脑思维相比，强化学习还有很多问题无法解决，诸如直觉等人类尚未建模却又至关重要的因素。强化学习本质上还是在全局策略空间进行启发式探索，只是利用实时奖励等反馈信息来优化探索策略和效率。这种试错探索和反馈学习机制在一些棋类游戏中取得了非常好的效果，如 AlphaZero 等算法采用的蒙特卡罗搜索算法。但是对于在高维状态动作空间下进行交互试错，依然会面临以下两个问题。

（1）高维状态动作空间。在作战问题中，由于地理环境范围广、作战实体众多以及时间跨度长等原因，决策的状态动作空间会呈指数级增长，会使得基于试错和策略搜索的强化学习方法的效率低下。围棋的策略空间是 10^{170} 左右，这个数字已经是个天文数字，超过了地球上所有沙粒数量的总和，而在作战空间远不止这个数量级，如 6 架飞机的小型空战场景可达 10^{7022}，而一个 200 左右作战单元的作战空间更是高达 $10^{86000000}$，在如此高维空间下使用现有方法显然无法解决。所以如何对高维状态动作空间进行高效的数据表征以及搜索策略优化，也就成为智能指挥决策必须要解决的难题。

（2）探索与利用的平衡。在深度强化学习方法中，未知策略空间的探索与已知策略空间的利用是一个相互矛盾的问题。特别是在作战活动中，依据不同的政治军事需求和任务，作战环境和作战对手通常是千变万化的，这使得高维状态-动作空间下的策略/动作探索更加困难。在高维的未知战场空间、诡异多变的对手情况下，高效探索尝试采取不同的动作以收集更多的战场未知区域信息和对手策略信息，利用已知策略信息下做出最佳决策能够在敌我博弈对抗过程中抢占先机，提升态势优势，进而取得竞争优势。因此，在基于深度强化学习的智能指挥决策过程中，如何平衡对未知策略空间的探索和已知策略空间的利用，是一个亟待解决的关键问题。

3.3.3　大规模作战背景下多异构实体协同博弈问题

由于策略空间巨大，联合奖励信度分配等问题，对于大规模复杂作战决策问题，集中式决策方法很难解决，所以一般会采用分布式协同决策。目前，多智能体是解决多目标协同决策的常用有效方法，但是对于大规模作战背景下，作战任务复杂化、力量多元化，作战手段体系化、网络化，要实现协同的高时效性和稳定性，必须从多智能体体系架构、通信机制和学习策略等方面展开研究，着重解决以下两个问题。

（1）多异构实体信息协同。求解多智能体强化学习问题最简单的方法是将单智能体强化学习的方法直接应用于多智能体强化学习，对于简单的决策问题通过增加算力即可实现。但对于作战这种复杂决策问题，一般使用集中式训练和分布式决策机制（CTDE）。单个 Agent 的观测具有一定的局限性，而直接将所有 Agent 的观测信息进行全局共享虽然可以解决信息的共享，但无疑会增大决策的状态空间以及神经网络的参数，使得网络训练更加困难。所以，如何在保证满足决策的信息需求下减少 Agent 之间的信息交互成为多异构实体协同决策架构设计的主要目标。

（2）多异构实体策略协同。在联合作战指挥决策问题中，不同军兵种之间的决策与行动会相互影响，即不同智能体之间的策略会相互作用，任何单个 Agent 的策略改变都会导致全局策略的非平稳性。全局作战态势发展与结果依赖于所有作战单元的决策与行为，所有任何单个作战单元在进行决策和行动时，必须考虑其他作战单元的行动。这在多智能体强化学习中体现为信度分配问题，即如何构建联合奖励函数和联合策略模型来寻找一个策略的纳什均衡。

3.3.4　复杂策略空间下决策模型训练效率问题

虽然深度神经网络可以拟合表征较为复杂的策略模型，但是随着网络层数的增加和网络参数的增加，网络训练的计算量会呈指数级增长。特别是对于大规模联合作战指挥决策问题，巨大的策略空间会带来一系列连锁问题，严重影响模型的训练效率，主要体现在以下三个方面。

（1）奖励稀疏延时导致学习效率低下。强化学习的学习目标能否与作战任务目标统一，奖励函数的设计起着决定性作用。战争作为典型复杂问题，以自然语言形式表征的作战目标却很难直接转换成准确的奖励函数，同时，由于作战影响因素的复杂性，对于单个动作行为很难给出即时准确的反馈，即奖励函数存在反馈稀疏、延迟和不准确的问题，严重影响强化学习的效率。

（2）探索盲目性导致训练难以收敛。强化学习的"试错"机制虽然可以有效解决作战样本数据缺乏问题，但这种盲目性也带来学习效率低的问题。特别是在复杂大规模作战背景下，决策空间巨大，在训练初始阶段盲目试错机制的效率低问题就更为明显，甚至根本无法得到有效的样本数据。

（3）不稳定性导致策略鲁棒性不够。强化学习是通过自博弈形式得到样本数据，所以其抽样得到的训练样本质量完全取决于自博弈阶段 Agent 水平。Agent 的策略学习是通过在策略空间中不断地探索与利用实现，而复杂策略空间下如果探索有限则会使得 Agent 策略具有片面局限性，即模型性能的不稳定性，反之，大量的探索又会导致模型难以收敛，即模型训练的不稳定性，最终都会降低 Agent 策略的鲁棒性。

第 4 章　基于多 Agent 的指挥决策
模型构建与求解

当前军事应用中由于指挥决策实体众多、实体间交互复杂带来的高维决策空间问题以及战争迷雾所带来的不确定性问题，日益成为智能指挥决策技术发展的瓶颈性问题。如何对指挥决策实体进行合理抽象、对不确定性环境下的指挥决策行为进行建模以及对多异构实体协同决策进行求解是开展本书研究的基础。本章围绕智能指挥决策实体抽象、行为描述和求解方法，介绍了不完全信息条件下分层序贯决策建模与求解方法。

4.1　问题提出及解决思路

4.1.1　问题提出

围棋、即时策略游戏等领域应用深度强化学习技术，核心在于基于强化学习的马尔可夫建模方法。这种方法虽也可移植到智能指挥决策研究中来，但因作战指挥决策的自身特性，在指挥决策实体抽象、行为描述和求解方法等方面带来一些新的需求和挑战。具体来说，主要包括以下三个方面的问题需要解决。

1. 指挥决策实体抽象建模

战争是一个复杂巨系统，相比于围棋其状态动作空间维度高得多。如果采用 Alpha GO 类似的抽象建模方法，一个 200 左右作战单元的作战空间可达 $10^{86000000}$，跟围棋的策略空间 10^{170} 远不是一个数量级。所以简单的单一智能体或多智能体抽象，可能会带来决策空间维度灾难和非稳定性问题，从而给后续模型求解算法提升了难度，甚至无解。所以，如何有效合理地对指挥决策实体进行抽象是智能指挥决策研究需要解决的首要问题。

2. 不确定性条件下分层决策行为建模

与零和完全信息动态博弈的棋类游戏相比，战争迷雾的存在导致了作战指挥决策是一个不确定性和非完全信息条件下的多方序贯决策问题，高维空间问题则注定了分层决策是解决作战指挥决策的一种有效手段。传统马尔可夫模型显然无法解决上述问题，所以针对不确定性条件下的分层决策问题，如何采用数学模型对其进行形式化描述是指挥决策模型构建的关键。

3. 多异构实体协同决策方法构建

作战过程中牵涉不同军兵种、作战单元间的协同问题，而信息的不确定性和多方博弈策略依赖问题使得多方协同博弈很难分解为可独立求解的子博弈问题。任务和策略分解是解决大规模决策问题的关键，即如何描述多异构体实体序贯决策过程中的多方交互过程，设计面向作战任务的目标函数和与之相适应求解算法。

4.1.2　解决思路

针对上述三个问题，本书所采取的总体思路如图 4.1 所示，具体包括决策实体建模、决策行为建模和决策方法建模三个部分。

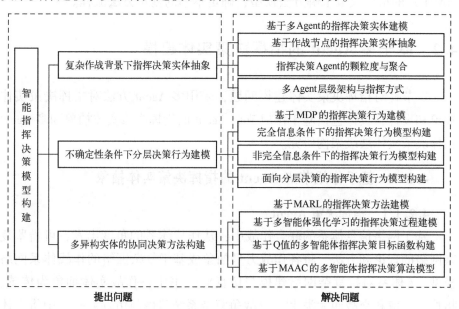

图 4.1　智能指挥决策模型构建思路

1. 基于多 Agent 的指挥决策实体建模

针对指挥决策实体建模问题，借鉴基于复杂网络的作战体系建模思想，将战场上各作战单元、作战系统抽象为作战节点，根据决策需要将作战节点抽象和聚合成不同颗粒度的 Agent，并分别映射为集中式、分散式和分层混合等形态的多 Agent 层级架构。

2. 基于 MDP 的指挥决策行为建模

针对指挥决策行为建模问题，按照完全信息条件下、非完全信息条件下和分层指挥决策 3 种不同情况，分别引入马尔可夫决策过程（Markov Decision Process，MDP）[137] 以及部分可观测马尔可夫决策过程（Partially Observable Markov Decision Process，POMDP）[138]、半马尔可夫决策过程（Semi Markov Decision Process，SMDP）[143] 两种扩展模式，从而建立基于 MDP 的指挥决策行为模型。

3. 基于多智能体强化学习的指挥决策求解方法

针对指挥决策求解方法建模问题，按照决策过程建模、任务建模和策略更新三个步骤，分别围绕多智能体强化学习框架、目标函数设计和策略更新，建立基于多智能体强化学习（Multi Agent Reinforcement Learning，MARL）的指挥决策求解方法模型，确定本书的基本方法流程。

4.2 基于多 Agent 的指挥决策实体建模

本节针对指挥决策实体建模问题，采用多 Agent 方法对指挥决策实体抽象和设计，具体包括基于作战节点 Agent 的指挥决策实体抽象和多 Agent 指挥决策实体层级架构研究。

4.2.1 基于作战节点 Agent 的指挥决策实体抽象

4.2.1.1 指挥决策 Agent

基于网络信息体系的联合作战中，从作战体系的角度出发，可借鉴复杂网络的理论和方法，将各作战力量抽象成基于复杂网络的作战体系网络模型。《体系对抗复杂网络建模与仿真》一书中将作战实体抽象为传感、指控、通信和交战四大类[171]。《战争复杂系统建模与仿真》一书中将实体分为通信、传感、指挥、武器、保障五类[172]。国防科技大学白亮等将作战要素抽象为传感器、决策者、火力和目标四类节点[173]。综合上述三种观点，同时考虑本书主要从作战行动角度开展研究，受篇幅限制故暂不考虑通信、后勤等担任保障任务的实体要素，从作战主体功能角度将战场上各作战单元抽象表示为情报侦察、指挥控制、火力打击三类节点。每个作战节点均具备独立的作战功能或任务，每个节点为完成自身的功能或任务均会进行决策和执行相应的行动（动作），故可将每个节点都视为一个指挥决策的智能体，如图 4.2 所示。例如，一次防空反导作战中，作战力量包括 X 辆雷达车、Y 辆导弹发射车、Z 辆指挥车，则我们可以将其分别抽象为 X 个情报侦察 Agent、Y 个火力打击 Agent 和 Z 个指挥控制 Agent。

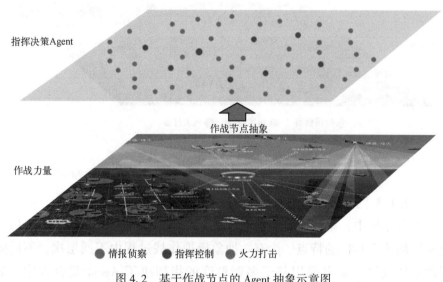

图 4.2　基于作战节点的 Agent 抽象示意图

4.2.1.2　指挥决策 Agent 交互关系

将作战节点抽象成各 Agent 后，按照复杂网络的作战体系建模思想，可用节点之间的连线（边）来表示 Agent 之间的交互关系。在《体系对抗复杂网络建模与仿真》一书中将 Agent 之间的关系定义为隶属、配属、支援、转隶四类[171]。张强等在基于复杂网络的作战体系建模中将其归纳为指挥、隶属、情报共享、协同决策四类关系[174]。综合上述两种观点，结合 4.2.1.1 节 Agent 节点抽象实际，本书将节点间关系抽象为指挥、协同两种（注：此处关系仅从仿真角度考虑智能体间关系，而非军事术语中的作战指挥关系），从而建立如图 4.3 所示的 Agent 交互关系网络。以 4.2.1.1 节防空反导作战为例，指挥控制 Agent 与情报侦察 Agent、火力打击 Agent 之间建立的是指挥关系，情报侦察 Agent 之间、火力打击 Agent 之间以及情报侦察 Agent 与火力打击 Agent 之间的关系则是协同关系。

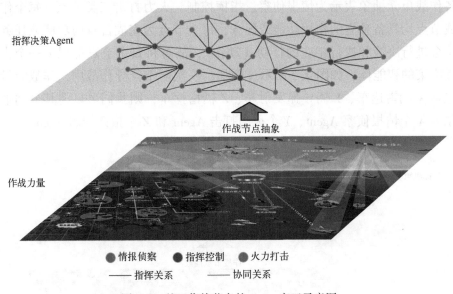

图 4.3　基于作战节点的 Agent 交互示意图

4.2.1.3　指挥决策 Agent 颗粒度与聚合

联合作战中，单一颗粒度的指挥决策实体 Agent 模型无法描述和揭示复杂网络体系对抗的特点。为有效抽象模拟作战过程中不同层次、不同阶段的指挥决策，本书采用基于多颗粒度的指挥决策 Agent 聚合方法，如图 4.4 所示。

按照指挥决策的层次不同，考虑不同 Agent 之间的关系和作战任务需要，可将同一层级、同种颗粒度的若干个 Agent 聚合成上一层级颗粒度的一个 Agent。经过聚合后的 Agent 根据需要还可与同层 Agent 聚合为更高一层级颗粒度的 Agent。继续以防空反导作战为例，X 个情报侦察 Agent（雷达车）可以聚合成 1 个情报侦察 Agent，也可以是整个防空反导力量中所有情报侦察、火力打击、指挥控制 Agent 都可以聚合成 1 个节点，此时，整个防空反导力量在联合作战全局背景又可以视为一个火力打击 Agent。

4.2.2　多 Agent 指挥决策实体层级架构

按照多 Agent 系统的集中式、分布式和混合式三种体系结构，结合我军指挥方式实际情况，多 Agent 指挥决策实体可建立集中式指挥、分散式

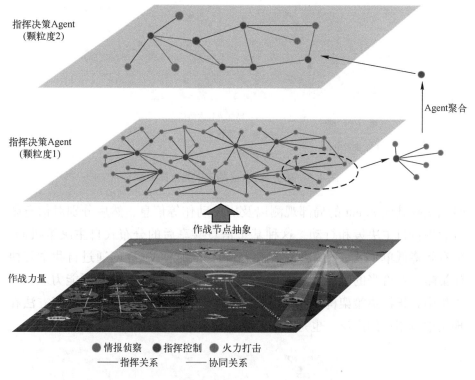

指挥决策Agent（颗粒度2）

Agent聚合

指挥决策Agent（颗粒度1）

作战节点抽象

作战力量

● 情报侦察　● 指挥控制　● 火力打击
—— 指挥关系　　—— 协同关系

图 4.4　面向不同颗粒度的 Agent 聚合示意图

指挥和混合分层指挥三种层级架构。

4.2.2.1　多 Agent 集中式指挥决策

在多 Agent 集中式指挥决策中，是指由一个决策中心 Agent 来指挥控制其他各 Agent 的行动，如图 4.5 所示。决策中心 Agent 接收其他各 Agent 的局部观测信息，对其进行融合处理后集中决策产生联合动作，然后将决策指令下达给各 Agent 并控制其行动。这种集中式指挥决策通过感知和融合全局态势信息，可最大限度地降低战争迷雾的影响，同时集中决策方法可有效统一所有 Agent 目标，利于各 Agent 之间的协同。但是这一架构对 Agent 间交互的时效性和决策中心的计算能力要求较高，特别是随着 Agent 数量增加，联合状态–动作空间会呈指数级增长，会严重制约集中式指挥决策的有效性。

4.2.2.2　多 Agent 分散式指挥决策

在多 Agent 分散式指挥决策中，是由各 Agent 分别指挥控制其自身的行动，如图 4.6 所示。各 Agent 分别从环境中获取各自局部观测信息，同

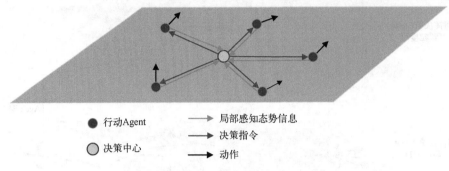

图 4.5 基于多 Agent 的集中式指挥决策

时也接收其他 Agent 的局部观测以及历史动作等信息，然后分别对信息融合后进行自主决策和行动。这种基于信息共享后的分布式自主决策机制，可有效降低单个 Agent 的决策状态–空间，同时，Agent 间通过自我学习协作策略，在恰当的驱动算法下可充分发挥群体智能涌现的协同能力。相对于集中式指挥决策架构，面向群体智能的多 Agent 分散式指挥决策方法在现实中应用更加广泛，也是当前业界的研究热点。

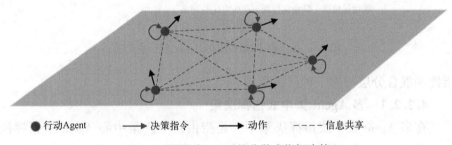

图 4.6 基于多 Agent 的分散式指挥决策

4.2.2.3 多 Agent 混合分层指挥决策

多 Agent 集中式指挥决策方式可以有效提升指挥效率和协同指挥，但是随着 Agent 数量的增加会遇到维度灾难问题。多 Agent 分散式指挥决策可以有效解决维度灾难问题，但过多的 Agent 又会引起协作学习困难、作战任务分解难等问题。

综合上述三种架构的分析，本书拟采取集中和分散两者相结合的方式，即基于分层的多 Agent 混合指挥决策方式，如图 4.7 所示。图中颗粒度 2 层级（较大颗粒度）采用集中式指挥决策，有利于全局作战指挥的控制和协同，而在颗粒度 1 层级（较小颗粒度）则采用分散式指挥决策方法，有利于充分发挥末端 Agent 的自主决策和群体智能，同时，通过 Agent 聚合实现两个不同层面之间的互联和分层指挥，可有效降低单个 Agent 的决策空间维度和提升决策效率。

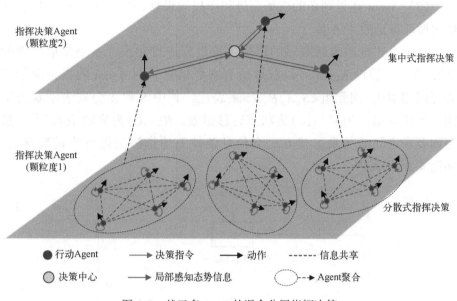

图 4.7　基于多 Agent 的混合分层指挥决策

4.3　基于 MDP 的指挥决策行为建模

本节针对指挥决策行为建模问题，按照完全信息条件下、非完全信息条件下和分层指挥决策三种不同情况，分别引入马尔可夫决策过程（MDP）及部分可观测马尔可夫决策过程（POMDP）、半马尔科夫决策过程（SMDP）两种扩展模式，建立了基于 MDP 的指挥决策行为模型。

4.3.1　完全信息条件下的指挥决策行为模型构建

智能指挥决策的行为模型，本质上是以智能体（Agent）为决策主体的序贯决策行为的模型抽象，与人类指挥员指挥决策过程类似[175]，可以概括为以下过程。

（1）在每个决策周期，Agent 根据当前从作战环境中获取的态势信息，基于自身策略模型（本书中为深度神经网络）从动作集合中进行选择（决策），并将对应的动作选择结果下达给对应 Agent 执行。

（2）Agent 在按照决策结果执行相应动作后，会从作战环境中获得新的战场态势信息以及相应的作战行动效果。

（3）Agent 在得到新的战场态势和作战效果反馈后重复步骤（1），并依次循环直至战斗结束。

对于上述按照时间顺序的序贯决策过程进行建模，本书采取经典的 MDP 方法。假设 Agent 可以获取所有态势信息，则 Agent 的指挥决策行为可以用 MDP 四元组 $<S, A, P, R>$ 来表达，其中 S 和 A 分别表示状态空间、动作空间，$P(s'|s,a)$ 为状态转移函数，$R(s,a)$ 为奖励函数[137]，按照四要素之间的关系可建立完全信息条件下的指挥决策行为模型框架，如图 4.8 所示。

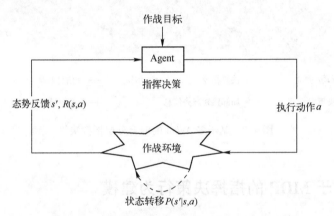

图 4.8　完全信息条件下的指挥决策行为模型框架

4.3.1.1　战场态势与状态空间建模

战场态势一般包含敌情、我情以及环境信息等众多信息，是指挥进行指挥决策的重要依据。作战仿真中 Agent 是基于状态 s 进行决策。状态 s 是根据作战仿真需要对战场态势信息的适当简化和抽象，一般包含敌我双方所有 Agent 的位置、毁损、武器弹药等状态信息，以及整个作战仿真区域的地理环境信息。随着作战仿真过程推进，状态 s 会不断地发生变化，所有可能的状态组成 Agent 指挥决策的状态空间 $S = \{s_1, s_2, \cdots, s_n\}$。

4.3.1.2　作战行动与动作空间建模

作战行动是指挥员进行指挥决策的输出，也是被指挥作战单元需要执行的具体行为。在作战仿真中，作战行动被抽象为 Agent 可执行的具体动

作 a，如机动、开火等。根据仿真需要，不同层级 Agent 的动作具有不同的抽象颗粒度，既可以是包含具体参数的开火、机动行为等动作，也可以是抽象的防御、进攻等战术动作。在任一决策时刻，对于每个 Agent 可选择执行的动作共同组合成为其动作空间 $A=\{a_1,a_2,\cdots,a_n\}$，Agent 指挥决策本质上就是根据当前状态从动作空间 A 中选择一个动作 a_i 的过程。

4.3.1.3　作战环境与状态转移函数建模

作战环境的建模是作战仿真中最为重要也是最为复杂的一部分。由于本书研究聚焦于指挥决策，具体的作战环境建模不在本书研究范围，所以将作战环境对指挥决策的影响抽象为状态转移函数 $P(s'\,|\,s,a)$，表示在状态 s 下采取动作 a 之后，转移到下一时刻状态 s' 的概率。通过概率的形式在一定程度来模拟战争复杂系统的不确定性，而以函数的形式为仿真提供确定的状态输出。

4.3.1.4　作战效果与奖励函数建模

作战效果是指挥员判断评估作战行动效能和调整策略的重要依据，在作战仿真中，Agent 则是根据每次动作执行后反馈得到奖励函数进行评估和策略调整。奖励函数 $r=R(s,a)$ 是根据作战目标对作战行动效果的量化，其表示在状态 s 下执行动作 a 后得到瞬时奖励。恰当的奖励函数设计可以准确地评估不同行为动作的价值，而基于作战目标和奖励函数可以设计出 Agent 的学习目标函数。

4.3.1.5　作战目标与目标函数建模

达成作战目标是指挥员进行决策的最终目的。在作战仿真中，Agent 的指挥决策行为一般以量化的目标函数为导向。根据不同的作战目标和抽象方法，Agent 通常以最大化或最小化目标函数进行指挥决策。在基于多 Agent 强化学习的指挥决策方法研究中，作战目标抽象为强化学习的目标函数，其与基于奖励函数的瞬时奖励密切相关，一般是整个作战过程的累积奖励。因此，在基于强化的指挥决策方法研究中，恰当的奖励函数和目标函数设计是实现强化学习目标与作战目标相统一的关键。

4.3.2　非完全信息条件下的指挥决策行为模型构建

在完全信息条件下，基于 MDP 的指挥决策问题可以使用值函数或策略函数迭代方式求解，但现实作战环境大多带有随机不确定性，同时存在战争迷雾问题，即具有部分可观特性。为此，本书引入了 MDP 的一种扩展形式——POMDP 模型[138]。不同于 MDP 的观测即为状态，POMDP 在 MDP 的五元素基础上加入了观察集合。由于非完全信息条件下的观测信息的不完整、不确定特性，与状态变量的马尔可夫特性相比，观测变量并不一定具有马尔可夫特性。因此，针对部分可观测的指挥决策场景，本书采用基于信念状态的预测方法，即根据实际的观测信息对不可观测部分进行估计，对于环境动态特性已知的情况直接使用 DP 即可求解[140]，而对于大部分陌生作战环境和场景，先验知识有限，因此，本书针对非完全信息条件下的指挥决策，采用"POMDP+强化学习"方法建立了如图 4.9 所示的模型框架。

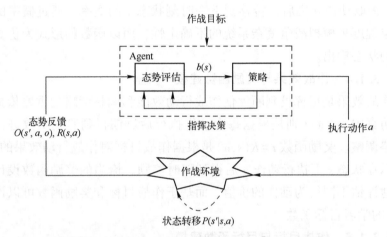

图 4.9　非完全信息条件下的指挥决策行为模型框架

模型用一个六元组$\langle S,A,T,R,\Omega,O\rangle$表示[138]。其中 S、A、T、R 分别为状态空间、动作空间、状态转移概率和即时奖励，与 4.3.1 节所述模型一致，其余部分如下。

（1）Ω：为 Agent 可观测信息集合。

（2）O：为观测函数，一般用 $O(s',a,o):S\times A\times O\to O$ 表示，即表示 Agent 执行动作 a，转移到下一个状态 s' 观察到的概率分布 $\Pr(o\,|\,s',a)$。

（3）$b(s)$：为 Agent 的信念状态空间，即 Agent 当前处于状态 s 的概率。

4.3.2.1　状态观测

Agent 的观测可以用集合 $\Omega=\{o_1,o_2,\cdots,o_H\}$ 表示，表示 Agent 在当前时刻对状态的观测信息。根据对状态信息的可观测程度，POMDP 模型中又可以衍生出另外两种极端情况，即完全可观（Full Observable）的 MDP（FOMDP）[141] 和完全不可观（Non-Observable）的 MDP（NOMDP）[142]。在 FOMDP 中，每个时刻 Agent 对环境的观测状态与实际状态是一一对应的，其概率分布函数可表示为

$$\Pr(o_h, s_i, a_k, s_j) = \begin{cases} 1, & o_h = s_j \\ 0, & \text{其他} \end{cases} \tag{4.1}$$

在 NOMDP 中，观测空间是唯一确定的 $\Omega = \{o\}$，即 Agent 对环境状态的观测分布唯一确定，此时观测已毫无意义，所以称为完全不可观。

4.3.2.2 信念状态

在基于 POMDP 指挥决策过程中，Agent 基于观测信息使用信念状态进行决策，具体过程如图 4.10 所示。

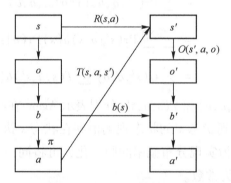

图 4.10 POMDP 决策过程

在基于 POMDP 的指挥决策过程中，Agent 的决策不是直接基于状态 s 进行，而是根据自己对环境的观测 o，基于过去时刻的状态和动作序列采用信念状态分布 $b(s)$ 对当前状态进行估计，然后基于估计的状态进行决策。其中信念状态分布 $b(s)$ 是 Agent 对当前时刻全局状态的主观概率估计，对 $\forall s$，$0 \leqslant b(s) \leqslant 1$，$\sum_{s \in S} b(s) = 1$。

4.3.2.3 主观贝叶斯更新

在基于 POMDP 的指挥决策过程中，随着与环境不断地交互和学习，Agent 根据历史交互数据可实现对真实状态的信念更新。由于信念状态本质上是 Agent 基于历史观测等信息对环境状态的主观概率，所以本书在信念状态 $b(s)$ 更新时采用贝叶斯方法，具体更新步骤如下：

$$
\begin{aligned}
b'(s') &= \Pr(s' \mid o, a, b) \\
&= \frac{\Pr(o \mid s', a, b) \Pr(s' \mid a, b)}{\Pr(o \mid a, b)} \\
&= \frac{\Pr(o \mid s', a) \sum_{s \in S} \Pr(s' \mid a, b, s) \Pr(s \mid a, b)}{\Pr(o \mid a, b)} \\
&= \frac{O(s', a, o) \sum_{s \in S} T(s, a, s') b(s)}{\Pr(o \mid a, b)}
\end{aligned}
\tag{4.2}
$$

其中

$$
\begin{aligned}
\Pr(o \mid a, b) &= \sum_{s' \in S} \Pr(o, s' \mid a, b) \\
&= \sum_{s' \in S} \Pr(s' \mid a, b) \Pr(o \mid s', a, b) \\
&= \sum_{s' \in S} \sum_{s \in S} \Pr(s' \mid a, s) b(s) \Pr(o \mid s', a) \\
&= \sum_{s' \in S} O(s', a, o) \sum_{s \in S} T(s, a, s') b(s)
\end{aligned}
\tag{4.3}
$$

式中：$b(s)$、$O(s', a, o)$ 和 $T(s, a, s')$ 分别表示 Agent 在状态 s 的信念概率、执行动作 a 后转移到状态 s' 的状态观测值和在状态 s 执行动作 a 转移到 s' 的状态转移概率。为实现分布概率的归一化，可将同一个观测信念状态的分母 $\Pr(o \mid a, b)$ 设为常数。

4.3.3　面向分层决策的指挥决策行为模型构建

分层决策是解决巨大策略空间下搜索效率低下的一种非常有效的办法[202]。对于传统的马尔可夫决策过程，没有考虑不同动作的完成时间区别，所有动作的时间步长是统一的，所以传统 MDP 模型在解决区分时间步长任务时会遇到瓶颈[203]。在基于多分辨率的分层决策情况下，不同层级 Agent 的决策时间间隔和动作时间会存在一定的区别。为此，针对分层指挥决策行为建模问题，本书引入 MDP 的另一种扩展形式：半马尔可夫决策过程（Semi Markov Decision Process，SMDP）[204]，其基本原理如图 4.11 所示。

在 MDP 中执行一个动作需要花费的时间步长是一个固定的单位时间，而在离散的 SMDP 中则变成一个变量。设动作时间步长为 N，则 SMDP 的

概率转移函数和期望奖励可以表示为 $P(s',N|s,a)$ 和 $R(s',N|s,a)$。根据贝尔曼方程，可以得到确定策略 π 下的值函数为 Agent 执行动作 a 的即时奖励与转移到后续状态 s' 的折扣累积期望之和：

$$V^{\pi}(s) = R(s,\pi(s)) + \sum_{s',N} P(s',N|s,\pi(s))\gamma^{N}V^{\pi}(s') \qquad (4.4)$$

式中：$R(s,\pi(s))$ 是 Agent 在状态 s 下执行动作 $\pi(s)$ 后的期望奖励，不难看出，其整体期望奖励与 s'、N 相关。

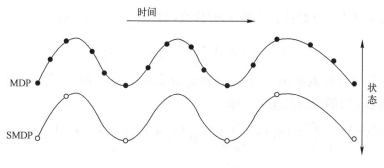

图 4.11　MDP 与 SMDP

4.4　基于 MARL 的指挥决策求解方法建模

本节针对指挥决策求解方法建模问题，以上两节的多 Agent 实体建模和 MDP 指挥决策行为建模为支撑，研究基于多智能体强化学习（Multi Agent Reinforcement Learning，MARL）的指挥决策方法与模型，具体包括多智能体指挥决策过程建模、目标函数构建和算法模型三部分。

4.4.1　多智能体指挥决策过程建模

本书的研究内容使用马尔可夫博弈（Markov Game）框架，该框架基于多智能体 MDP，可以使用一个元组 $\langle N,S,A,O,T,R \rangle$ 来表示[205-206]。其中，N 是环境中智能体的数量，S 是有限状态集合，$A = \{A_1,A_2,\cdots,A_N\}$ 是有限动作集合，$O = \{O_1,O_2,\cdots,O_N\}$ 是状态观察值集合；给定智能体 i 当前状态和执行动作，$T:S \times A_1 \times A_2 \times \cdots \times A_N \rightarrow P(s)$ 是智能体 i 的状态转移函数，定义智能体 i 的后继状态概率分布；$R_i:S \times A_1 \times A_2 \times \cdots \times A_N \rightarrow R$ 是根据目标设置的智能体 i 的奖励反馈函数，依赖全局状态和动作。在 POMDP 中，智

能体的观察值 o_i 包含全局状态 $s \in S$ 的部分信息；初始状态由分布 $\rho:S \to [0,1]$ 决定；每个智能体 i 学习一个策略 $\pi_i:O_i \to P(A_i)$，将自身的观察值映射到其动作空间上的分布[209-210]。智能体的学习目标是最大化期待奖励反馈，即

$$J_i(\pi_i) = \mathbb{E}_{a_1 \sim \pi_1, \cdots, a_N \sim \pi_N, s \sim T} \Big[\sum_{t=0}^{T} \gamma^t r_{it}(s_t, a_{1t}, \cdots, a_{Nt}) \Big] \tag{4.5}$$

式中：$\gamma \in [0,1]$ 是未来奖励反馈的折扣因子；T 是时间窗口。

将从状态 s 开始执行策略 π 的价值函数设为 $V^\pi(s)$，即

$$V^\pi(s) = \mathbb{E}_\pi \Big[\sum_{t=1}^{\infty} \gamma^{t-1} r_{t+1} \mid s_0 = s \Big] \tag{4.6}$$

在给定转移概率 $p(s_{t+1} \mid s_t, a)$ 和奖励反馈 $r(s_t, a_t)$ 时，下式适用于在任何时间步 t 时的全部状态 s_t，即

$$V^\pi(s_t) = \sum_{a_t \in A(s_t)} \pi(a_t \mid s_t) \sum_{s_{t+1} \in S} p(s_{t+1} \mid s_t, a_t) \big[r(s_t, a_t) + \gamma V^\pi(s_{t+1}) \big] \tag{4.7}$$

式中：s_{t+1} 是 s_t 的后继状态。基于策略的 RL 算法，可以通过下式获得最优策略，选取使得奖励最大的动作，即

$$V^{\pi^*}(s_t) = \max_{s_{t+1}} \sum_{s_{t+1} \in S} p(s_{t+1} \mid s_t, a_t) \big[r(s_t, a_t) + \gamma V^{\pi^*}(s_{t+1}) \big] \tag{4.8}$$

同理，基于价值的 RL 算法可以通过下式计算各个智能体的状态-动作值函数的最优 Q 值，即

$$Q^{\pi^*}(s_t) = \max_{s_{t+1}} \sum_{s_{t+1} \in S} p(s_{t+1} \mid s_t, a_t) \big[r(s_t, a_t) + \gamma Q^{\pi^*}(s_{t+1}, a_{t+1}) \big] \tag{4.9}$$

4.4.2 多智能体指挥决策目标函数

假设我方有 N 个智能体，使用 $i \in \{1, 2, \cdots, N\}$ 对智能体进行索引，则可以用参数 $\theta = \{\theta_1, \theta_2, \cdots, \theta_N\}$ 代表这 N 个智能体的策略，使用 $\pi = \{\pi_1, \pi_2, \cdots, \pi_N\}$ 代表所有智能体的策略集合[207]。进一步对单个智能体 i 的预期奖励定义为 $J(\theta_i) = E[R_i]$，按照梯度计算则可得到每个智能体 i 的奖励梯度，即

$$\nabla_{\theta_i} J(\theta_i) = \mathbb{E}_{s \sim p^\mu, a_i \sim \pi_i} \big[\nabla_{\theta_i} \log \pi_i(a_i \mid o_i) Q_i^\pi(S, a_1, a_2, \cdots, a_N) \big] \tag{4.10}$$

式中：o_i、a_i 分别为单个智能体 i 的态势观察和决策动作，$Q_i^\pi(X, a_1, a_2, \cdots, a_N)$ 为智能体 i 动作值函数，输入为所有智能体的决策动作信息 a_1，

$a_2, \cdots, a_N$ 和全局态势信息 S，输出为单个智能体 i 的动作价值 Q。其中本书不考虑通信保障实际限制，全局态势信息为我方所有智能体的观测信息，即 $S = (o_1, o_2, \cdots, o_N)$。

假设单个智能体 i 的策略为 μ_{θ_i}，则智能体 i 的预期奖励的梯度可表示为

$$\nabla_{\theta_i} J(\mu_i) = \mathbb{E}_{X, a \sim D} \left[\nabla_{\theta_i} \mu_i(a_i \mid o_i) \nabla_{a_i} Q_i^{\mu}(S, a_1, \cdots, a_N) \mid_{a_i = \mu_i(o_i)} \right] \quad (4.11)$$

式中：D 为存储试错样本的经验回放池，即每个时间步的所有智能体的经验元组 $(S, a_1, a_2, \cdots, a_N, r_1, r_2, \cdots, r_N, S')$；$S'$、$r_i$ 分别为所有智能体在执行动作后的环境状态和智能体获得的奖励反馈值，此时，值函数 Q_i^{μ} 的损失函数可表示为

$$L(\theta_i) = \mathbb{E}_{S, a, r, S'} \left[(Q_i^{\mu}(S, a_1, a_2, \cdots, a_N) - y)^2 \right], \quad y = r_i + \gamma Q_i^{\bar{\mu}}(S', a_1', \cdots, a_N') \mid_{a_i' = \bar{\mu}_i(o_i)}$$

$$(4.12)$$

其中 $\bar{\mu} = \{\bar{\mu}_1, \bar{\mu}_2, \cdots, \bar{\mu}_N\}$ 为目标 Actor 网络集合；$\bar{\theta}_i$ 为智能体 i 的目标 Actor 网络 $\bar{\mu}_i$ 的网络参数。

4.4.3 多智能体指挥决策算法模型

为解决多异构实体协同决策中的目标耦合和协同问题，本书基于多智能体指挥决策目标函数，利用多智能体 Actor-Critic 框架[210]，建立基于多智能体强化学习的指挥决策算法模型，模型训练求解的流程如图 4.12 所示。

（1）初始化与经验池样本生成。首先初始化仿真环境和 Actor-Critic 网络参数；然后以设置的仿真单位时间为步长，在每个单位时间步长 t，每个智能体 i 将其从环境获取的态势观测信息 o_i 输入各自 Actor 网络，分别决策输出并执行动作 a_i；在各个智能体执行动作后，环境状态发生相应变化，每个智能体 i 获取新的态势观测信息 o_i' 以及奖励反馈值 r_i，至此完成一次试错交互过程；将该时间步长 t 所有智能体的试错经验 (S_t, A_t, R_t, S_{t+1}) 存入经验回放池，在不断试错至经验回放池样本到达一定数量时，同步开始基于样本数据的 Actor-Critic 网络训练。

（2）计算预期收益更新 Critic 网络。首先从经验回放池内采样 M 条经验，每个智能体 i 基于下一时间步的状态信息 S_{t+1} 中的各自观测信息 o_i'，根据当前策略预判输出下一时间步待执行的动作 $\bar{\mu}(o_i') = a_{t+1}^i$，同理得到所有

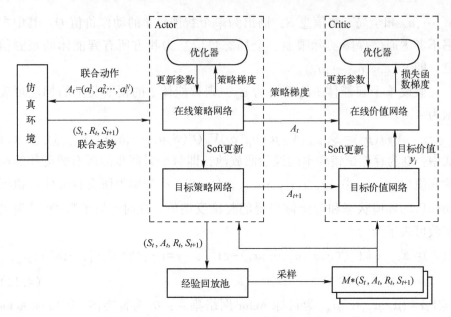

图 4.12　基于 Actor-Critic 的模型训练求解

智能体下一步的预判动作则为 $\bar{\mu}(S_{t+1})=A_{t+1}$；然后将当前状态信息 S_t 和联合动作值 A_t 输入 Critic 网络得到 $Q_i^{\mu}(S,a_1,a_2,\cdots,a_N)$，同时将下一步的状态信息 S_{t+1} 和预判的联合动作 A_{t+1} 输入目标 Critic 网络，根据奖励反馈 r_i 计算智能体 i 的目标收益 y_i，最后按照式（4.11）更新 Critic 网络参数。

（3）更新 Actor 网络产生新样本。首先每个智能体 i 基于 Critic 网络输出的估计 Q 值，按照式（4.10）更新 Actor 网络参数；然后每个智能体 i 根据观测信息 o_i，使用新的 Actor 网络决策输出并执行新的动作 a_i，并同理得到所有智能体新的联合动作；最后执行新的联合动作并获得相应的下一时间步的状态信息 S_{t+1} 和奖励反馈 R_t，将该条新的试错经验样本 (S_t,A_t,R_t,S_{t+1}) 存入经验回放池。

（4）更新目标网络和策略。更新目标 Actor 网络和目标 Critic 网络的参数，并同时重复过程（1）~（4），直到达到设定的最大训练轮次。

第5章 基于分层表征的多智能体 集中式指挥决策

第4章解决了智能指挥决策第一步——模型构建问题，从本章开始研究智能指挥决策的方法问题。按照第3章分析结论，本书采取基于分层的混合式多智能体协同方法，而混合式多智能体方法综合了集中式和分布式两种架构的优点，同时结合我军集中式和分散式两种指挥方式，为此，本书分别按照这两种方式对智能指挥决策方法展开研究。按照 Agent 集中式指挥决策的内涵，多智能体集中式指挥决策是指由一个智能体（Agent）来指挥其他所有 Agent 的行为。这种集中式指挥方法虽然具有较高的指挥效率，但是动作、状态和策略空间均是所有 Agent 的联合动作、状态和策略空间，如何在这种高维状态动作空间下进行有效的策略搜索也就成为多智能体集中式指挥决策的关键。

因此，本章针对多智能体集中式指挥决策中的高维状态动作空间问题，在集中式指挥决策框架基础上，介绍了基于分层表征的多智能体集中式指挥决策方法，旨在提升高维空间下的搜索效率。通过基于分层的特征表达和动作策略输出，提升高维状态动作空间下的搜索效率；通过构建基于最大熵随机策略梯度和 AC 网络的深度强化学习算法，实现基于全局态势评估的集中式训练和基于态势共享的集中式指挥决策。

5.1 问题提出及解决思路

5.1.1 问题提出

1. 高维状态动作空间

在作战问题中，由于地理环境范围广、作战实体众多以及时间跨度长等原因，决策的状态动作空间会呈指数级增长，使得基于试错和策略搜索的强化学习方法效率低下。围棋的策略空间是 10^{170} 左右，这个数字已经是个天文数字，超过了地球上所有沙粒数量的总和，而在作战空间远不是一个数量级，如 6 架飞机的小型空战场景可达 10^{7022}，而一个 200 左右作战单元的作战空间更是高达 $10^{86000000}$，在如此高维空间下使用现有方法显然无法解决。所以如何对高维状态动作空间进行高效的数据表征以及搜索策略优化，也就成为智能指挥决策必须要解决的难题。

2. 探索与利用的平衡

在作战活动中，依据不同的政治军事需求，作战环境与作战对手通常是千变万化的。在面临陌生的战场环境和不同的作战对手时，对战场环境和策略空间进行探索与利用是不容忽视的作战任务。其中，探索尝试采取不同的动作以收集更多的战场未知区域信息和对手信息，利用则是在战场已知区域信息和对手策略下做出的最佳决策[211]。对陌生的战场环境中地形、地貌、对手策略等信息进行高效的探索与利用，能够在敌我博弈对抗过程中抢占先机，提升地理优势和信息优势，进而取得竞争优势。然而，在深度强化学习方法中，未知策略空间的探索与已知策略空间的利用是一个相互矛盾的问题。因此，在作战活动的智能决策过程中，如何平衡对未知区域的探索和已知区域的利用，是一个亟待解决的关键问题。

5.1.2 解决思路

针对上述两个问题，本书所采取的总体思路如图 5.1 所示，具体包括以下两个部分。

1. 基于分层表征的空间消减

针对高维状态动作空间问题，分别从态势信息输入和策略动作输出两个方面，采取分层表征的方法，有效提升高维空间下的搜索效率。首先对态势信息采取分类表征与并行输入，同时根据不同类型态势数据的结构特点设计相应的特征提取网络，有效提升态势感知效能；然后在策略动作输出时，对动作进行分层表征与串行输出，将复杂的决策问题分解为多个相对简单和前后关联的决策问题，降低单次决策空间维度，提升高维空间下的决策效率。

2. 基于最大熵随机策略梯度

针对探索与利用的平衡问题，首先采取随机策略梯度增强策略的随机性，相比于确定性策略，随机性策略可以鼓励智能体尽可能去探索各种不同的策略，以避免策略的局限性；然后针对作战博弈中奖励多元的特点，通过引入最大策略熵来进一步增强策略的随机性，并且将最大策略熵融入到强化学习的目标函数中，使得智能体可以兼顾策略的丰富性和收益最大化，进而实现强化学习中探索与利用的平衡。

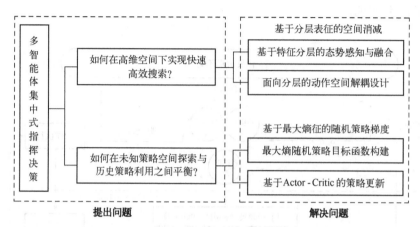

图 5.1　基于分层表征的多智能体集中式指挥决策思路

5.2　多智能体集中式指挥决策方法

5.2.1　集中式指挥决策总体策略

本章针对集中式指挥决策问题，从高维空间消减机制和策略探索策略两个方面展开研究，提出了一种基于分层表征的多智能体集中式指挥决策方法，并为之设计了一种最大熵的深度随机性策略梯度算法（Deep Stochastic Policy Gradient with Max-Entropy，DSPG-ME）。总体上采用集中式的多智能体强化学习策略，通过联合智能体与环境交互产生样本数据，然后使用演说-评论家（Actor-Critic，AC）算法框架进行训练。算法总体框架如图 5.2 所示。

在决策和控制阶段，均采取多智能体集中式方法，即使用一个联合智能体负责所有实体的行为决策，具体来说，就是联合智能体根据获取的联合态势进行决策，直接输出联合动作来控制所有作战实体的行动。在具体实现过程中，通过在模型的输入和输出端引入分层思想，采用特征分层的态势感知融合和面向分层的动作空间解耦设计实现高维空间消减；模型内部通过一个整体的 AC 神经网络更新，采用基于最大熵随机策略梯度的方法实现探索与利用的平衡，而智能体之间的协同则在神经网络内部实现。

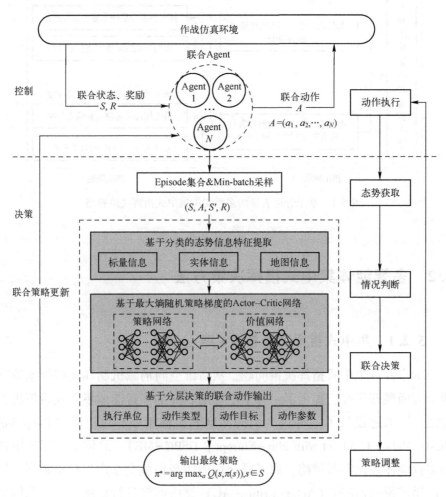

图 5.2　多智能体集中式指挥决策总体策略

5.2.2　基于分层表征的空间消减

5.2.2.1　基于特征分层的态势感知与融合

采用特征分层的方法，对态势信息按照数据类型进行分类处理，根据数据特点设计不同的神经网络对相应数据进行处理，实现基于分层的特征提取；然后对从不同类型态势信息获取的特征向量，并行输出后，共同输入一个深度长短期记忆网络，实现不同类型的态势信息特征融合。

实际的战场态势信息较为复杂，本书结合仿真实际，根据态势信息的属性和数据类型，将态势信息 State 简化抽象并分为三类 State = $\{S_{Map}, S_{Entity}, S_{Scalar}\}$，$S_{Map}$、$S_{Entity}$、$S_{Scalar}$ 分别表示地理信息、实体信息和标量信息，如图 5.3 所示。地理信息主要包括作战地域、地形地貌、海拔高程等地理环境信息；实体信息为敌我双方的作战实体信息，主要包括作战实体类型、位置信息、状态信息等；标量信息主要用于描述一些态势度量信息，如作战时间、敌我双方战损情况、作战任务及完成情况等。

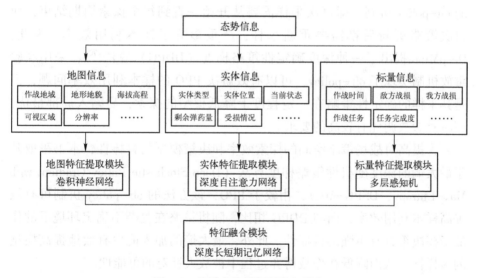

图 5.3　分类态势特征提取与融合

5.2.2.2　面向分层的动作空间解耦设计

采用动作分层的思想，对作战行为动作进行分层设计，然后根据每层动作特点设计不同的神经网络对相应数据进行处理，实现动作分层决策，将复杂的决策问题分解为多个相对简单和前后关联的决策问题，有效降低单次决策空间维度，从而提升高维空间下的决策效率。

本书以战术级作战仿真指挥决策为背景，将作战行动决策 Action 分解成 5 个部分 Action = $\{A_{\text{Type}}, A_{\text{Time}}, A_{\text{Unit}}, A_{\text{Position}}, A_{\text{Parameters}}\}$，即动作类型、执行时间、执行单位、执行地域和动作参数，如图 5.4 所示。然后根据动作决策类型和数据特点，依次使用残差多层感知机、多层感知机、指针网络、反卷积网络和多层感知机等网络来训练对应的决策模块，最后按照顺序依次进行决策。

5.2.3 基于最大熵的随机策略梯度求解

强化学习的采样试错机制决定了采样策略和样本利用是决定其算法性能的关键。近端策略优化（Proximal policy optimization，PPO）算法[69]是目前应用较为广泛的强化学习算法，在 Dota2 等许多非完备信息博弈中取得了引人瞩目的效果。PPO 的核心是采用了基于重要性的采样机制，虽然在离散空间和连续高维动作空间都能取得不错的探索效率，但是由于使用的 on-policy 机制，即每次采样需要从开始一直到每个探索周期结束，而每次策略更新后都需要重新采样，严重影响了样本利用效率。为此，DeepMind 提出了一种深度确定性策略梯度（DDPG）算法[70]，采用经验重放机制实现了 off-policy，可以有效解决 PPO 的样本利用效率问题，但是其采样的确定性策略在一定程度上降低模型的探索，易陷入局部最优，同时对参数调优有较高的要求。

为提高对战场策略空间的探索效率和决策模型的鲁棒性，本书采取基于最大熵的深度随机性策略梯度算法（Deep Stochastic Policy Gradient with Max-Entropy，DSPG-ME），相较于 PPO，该方法的 off-policy 机制可有效提高样本利用效率，而与 DDPG 相比，随机策略在复杂不确定环境下的作战指挥决策具有更强的鲁棒性。此外，最大熵的加入能更有效地提高模型的多样性，从而降低在作战博弈过程中被敌人针对的可能性。

5.2.3.1 随机策略梯度

策略梯度（Policy Gradient）是解决基于策略搜索强化学习的最主要方法，常见的 Actor-Critic、TRPO、PPO、DPG 等算法都是对基础策略梯度算法的改进。基于值函数的强化学习方法存在以下两个缺陷：

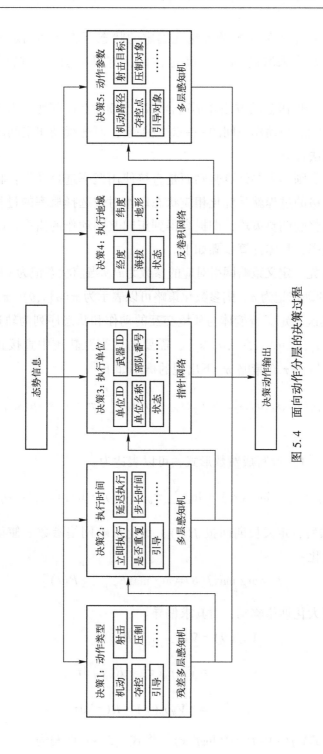

图 5.4　面向动作分层的决策过程

（1）采用基于值函数的方法在确定的状态下将得到确定的反馈，因此，值函数方法采取的动作是确定性的，有可能会陷入错误动作的循环中。

（2）基于值函数的方法并不适合解决连续性空间问题，因为值函数方法需要保存状态与动作空间的一一对应关系，而连续动作空间问题下的维度过高，无法计算。

策略梯度则不需要计算奖励而是直接使用概率选择动作：将过程随机化，优化策略的过程就是优化相应状态动作对被选择概率的过程。其基本原理是根据奖励调整策略，即提高得到正向奖励动作的概率，降低负向奖励动作的概率，具体计算步骤如下。

（1）首先，定义策略网络对应的参数为 θ。当前状态记为 s 时，策略网络 π_θ 选择的动作记为 a，则参数化策略可以表示为 $\pi(a|s,\theta)=\pi_\theta(a|s)$。

（2）其次，定义智能体与环境交互的动作和状态序列为轨迹（Trajectory），$\tau=\{a_1,s_1,a_2,s_2,\cdots,a_T,s_T\}$，需要通过交互轨迹中直接找到策略上升的方向。轨迹 τ 在策略 π_θ 下出现的概率如下：

$$p_\theta(\tau)=p_\theta(a_1,s_1,a_2,s_2,\cdots,a_T,s_T)=p(s_1)\prod_{t=1}^{T}\pi_\theta(a_t|s_t)p(s_{t+1}|s_t,a_t)$$

（5.1）

将式（5.1）改写成对数形式，可以表达为

$$\log p_\theta(\tau)=\log p(s_1)+\log\sum_{t=1}^{T}\pi_\theta(a_t|s_t)+\log p(s_{t+1}|s_t,a_t) \quad (5.2)$$

（3）然后，定义长期回报 $J(\theta)$，优化策略网络参数 θ 使得期望的累积回报最大化：

$$\theta^*=\arg\max_\theta J(\theta)=\arg\max_\theta E_{\tau\sim p_\theta(\tau)}\left[R(t)\right] \quad (5.3)$$

为了最大化期望奖励，对其求偏导：

$$\nabla_\theta J(\theta)=\nabla_\theta E_{\tau\sim p_\theta(\tau)}\left[R(t)\right]$$
$$=\nabla_\theta\int p_\theta(\tau)\cdot R(\tau)\mathrm{d}\tau \quad (5.4)$$
$$=\int \nabla_\theta p_\theta(\tau)\cdot R(\tau)\mathrm{d}\tau$$

利用公式 $\nabla f(x)=f(x)\nabla\log f(x)$，将式（5.4）改写为

$$\nabla_\theta J(\theta) = \int \nabla_\theta p_\theta(\tau) \cdot R(\tau) \mathrm{d}\tau$$
$$= \int p_\theta(\tau) \nabla_\theta \log p_\theta(\tau) \cdot R(\tau) \mathrm{d}\tau \tag{5.5}$$

将 $\log p_\theta(\tau)$ 代入，则有 $\nabla_\theta \log p_\theta(\tau) = \nabla_\theta \sum_{t=1}^{T} \log \pi_\theta(a_t | s_t)$ ，因此，有

$$\nabla_\theta J(\theta) = \int p_\theta(\tau) \nabla_\theta \sum_{t=1}^{T} \log \pi_\theta(a_t | s_t) \cdot R(\tau) \mathrm{d}\tau$$
$$= E_{\tau \sim p_\theta(\tau)} \left[\nabla_\theta \sum_{t=1}^{T} \log \pi_\theta(a_t | s_t) \cdot R(\tau) \right]$$
$$\approx \frac{1}{m} \sum_{i=1}^{m} \left[\nabla_\theta \sum_{t=1}^{T} \log \pi_\theta(a_{t,i} | s_{t,i}) \cdot R(\tau_i) \right] \tag{5.6}$$
$$= \frac{1}{m} \sum_{i=1}^{m} \left[\nabla_\theta \sum_{t=1}^{T} \log \pi_\theta(a_{t,i} | s_{t,i}) \cdot \left(\sum_{t=1}^{T} r_{t,i} \right) \right]$$

式中：m 表示对应完整经历的轨迹数量，在对每个序列收集元组 (s_t, a_t, r_t) 梯度估计基础上，采用策略上升公式 $\theta \leftarrow \theta + \eta \nabla_\theta J(\theta)$ 更新策略网络参数 θ 直至收敛。

策略梯度算法直接优化智能体的行为策略，相比于值迭代方法其具有更好的收敛性，且其策略输出为连续动作空间，在具有高维、不确定等特点的作战指挥决策问题中具有更好的表现[208]。在作战对抗博弈之中，因为可以避免被对手针对利用，随机策略就显得尤为重要。相比于确定性策略的输出是一个固定动作选择，随机策略的输出是一个动作选择概率分布，其在复杂多变的作战场景中会具有更强的鲁棒性。此时，式（5.6）按照随机策略可以更新为

$$\nabla_\theta J(\theta) = E_{\tau \sim p_\theta(\tau)} \left[\nabla_\theta \sum_{t=1}^{T} \log \pi_\theta(a_t | s_t) \cdot Q_\varphi(s_t, a_t) \right] \tag{5.7}$$
$$\theta \leftarrow \theta + \eta \nabla_\theta J(\theta)$$

5.2.3.2　最大熵目标函数构建

在随机策略基础上，通过引入最大熵进一步增大策略输出的随机性，可以使得智能体在学习中尽可能不舍弃和尝试任何有用动作，相比于 DDPG 的确定性策略会具有更好的训练稳定性和策略鲁棒性。在训练稳定性方面，通过最大熵的损失函数可以鼓励智能体在快速击败对手的同时尽可能对策略空间进行探索，可以有效平衡探索与利用之间的关系；在策略

鲁棒性方面，由于在策略搜索和输出方面都尽可能保持了多样性，最大熵随机策略在应对突发情况和不同对手时可以保持较高的泛化能力。

在标准的强化学习问题中，算法学习目标就是要求解一个策略能够最大化累计期望收益，即

$$J(\pi) = \sum_{t=0}^{T} E_{(s_t,a_t) \sim \rho_\pi} [r(s_t, a_t)] \tag{5.8}$$

为增强指挥决策策略的多样性和鲁棒性，避免智能体策略单一化和被针对，本书将强化学习的目标设计为在最大化累计期望收益的同时尽可能地最大化策略熵，即最大熵目标函数可表示为

$$J(\pi) = \sum_{t=0}^{T} E_{(s_t,a_t) \sim \rho_\pi} [r(s_t, a_t) + \alpha H(\pi(\cdot | s_t))] \tag{5.9}$$

式中：$H(\pi) = E_\pi[-\log\pi(a|s)]$ 为策略 π 在状态 s_t 的策略熵；α 为温度系数，用于控制策略熵在目标函数中的重要程度，即智能体策略的随机性程度，如果 $\alpha = 0$，则变为不考虑策略熵的强化学习算法。

在实际应用中，面对不同的作战场景时，在策略学习的不同阶段，往往需要不同程度的探索与利用，所以需要通过调整最大熵项的重要程度式来控制策略的探索，即式（5.9）中的温度系数 α。为增强算法对作战场景的动态适应能力，本书设计使用了一种可学习的温度系数损失函数：

$$J(\alpha) = E_{a_t \sim \pi_t} [-\alpha\log\pi_t(a_t | \pi_t) - \alpha H_0] \tag{5.10}$$

式中：H_0 为策略熵阈值，通过该阈值约束学习过程中策略熵的下限；温度系数 α 则可根据训练需要在不同阶段取不同的值。

5.2.3.3　AC 学习框架设计

本章采用集中式的演员-评论家算法（Actor-Critic），即分别建立一个联合策略网络和联合值函数网络，其中联合值函数 Critic 用来评估联合动作价值，联合策略网络 Actor 负责输出联合动作，具体学习框架如图 5.5 所示。

使用参数化的神经网络拟合价值网络 $Q_\theta(S_t, A_t)$ 和策略网络 $\pi_\theta(A_t | S_t)$。价值网络 Critic 在算法中完成策略评估工作，其行为价值函数是价值网络 φ 基于策略网络 π_θ 的近似值 $Q_\varphi(S,A) \approx Q_{\pi_\theta}(S,A)$。$Q$ 网络输入状态动作对 (S,A) 可以输出一个估计收益 Q 值。价值网络根据估计的价值与实际的价值之差进行更新，MSE 均方根损失函数为

$$\text{Loss} = \frac{1}{m} \sum_{i=1}^{m} \sum_{t=1}^{T_n} \left(R_{t,i} + \max_{A_{t+1,i}} Q_{\pi_\theta}^{\varphi}(S_{t+1,i}, A_{t+1,i}) - Q_{\pi_\theta}^{\varphi}(S_{t,i}, A_{t,i}) \right)^2$$

$$(5.11)$$

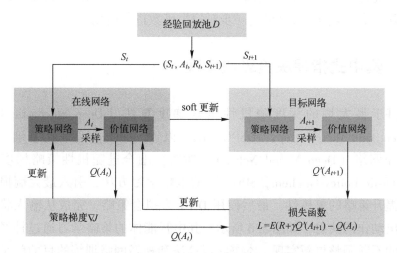

图 5.5 Actor–Critic 学习框架示意图

基于 5.2.3.2 节最大熵的目标函数，本书策略网络的输出是一个动作概率分布，最终的动作选择（决策结果）则是对该分布进行采样得到的，因此，Q 网络的更新方式如下：

$$\text{Loss}_Q(\theta) = \mathop{E}_{\substack{(S_t,A_t,S_{t+1}) \sim D \\ A_{t+1} \rightarrow r_\theta}} \left[\begin{matrix} \frac{1}{2}(Q_\theta(S_t,A_t) - (r(S_t,A_t) + \gamma(Q_{\hat{\theta}}(S_{t+1},A_{t+1}) \\ -\alpha\log(\pi_\theta(A_{t+1} \mid S_{t+1})))))^2 \end{matrix} \right]$$

$$(5.12)$$

按照近似的策略梯度进行学习，根据 5.2.3.1 节可得到策略网络更新方法：

$$\nabla_\theta J(\theta) = E_{\tau \sim p_\theta(\tau)} \left[\nabla_\theta \sum_{t=1}^{T} \log \pi_\theta(A_t \mid S_t) \cdot Q_\varphi(S_t, A_t) \right]$$

$$\theta \leftarrow \theta + \eta \, \nabla_\theta J(\theta)$$

$$(5.13)$$

借鉴 DQN 的经验回放思想[53]，将智能体的历史指挥决策样本存储于经验池，每次更新网络时从经验池中采样获取样本，而在随机策略梯度中 A_{t+1} 则是通过策略网络 $\pi_\theta(A_t \mid S_t)$ 采样得到的，所以训练策略网络的损失函数可以进一步更新为

$$\text{Loss}_\pi(\theta) = E_{S_t \sim D, \varepsilon \sim N} \big[\alpha \log \pi_\theta(f_\theta(\varepsilon_t; S_t) \mid S_t) - Q_\theta(S_t, f_\theta(\varepsilon_t; S_t)) \big]$$

$$(5.14)$$

其中为简化策略网络的损失函数计算，对一些不影响梯度的常量采取参数化消除，令 $A_t = f_\theta(\varepsilon_t; S_t)$ 可进一步对损失函数进行简化。

5.3 集中式指挥决策算法实现

基于最大熵的深度随机性策略梯度算法（Deep Stochastic Policy Gradient with Max-Entropy，DSPG-ME）以 Actor-Critic 算法为基础，将深度神经网络（Deep Neural Network，DNN）融合进随机性策略梯度算法（Stochastic Policy Gradient，SPG）[96] 的策略学习方法，引入最大熵损失函数来提升策略的鲁棒性，最后使用 DNN 来拟合策略，完成从输入状态量到输出动作的映射，如图5.6所示。其中智能体的策略学习通过神经网络参数的不断调整更新实现，本书学习算法和神经网络训练的目的就是寻找一组相对更优的神经网络参数来拟合产生和优化策略模型。

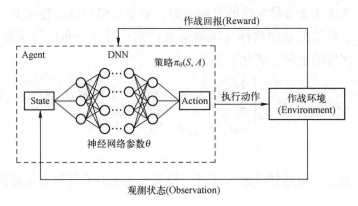

图5.6　集中式指挥决策算法实现示意图

5.3.1　基于 DSPG-ME 的多智能体强化学习

针对多智能体集中式指挥决策，本书采用基于 DSPG-ME 的多智能体强化学习方法，整体架构上使用集中式训练和集中式执行机制，求解算法使用 AC 算法，具体框架如图5.7所示。

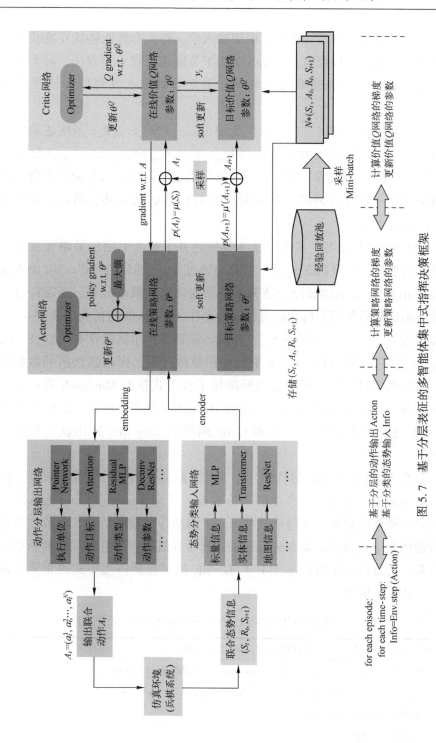

图 5.7　基于分层表征的多智能体集中式指挥决策框架

（1）态势分类输入。在决策模型输入层，将所有智能体从环境获取的态势汇聚成联合态势数据，根据 5.2.2.1 节所述态势分类方法，对不同类型的态势数据进行张量设计和转换，最终分别输入到对应的特征提取网络。

（2）动作分层输出。在决策模型输出层，按照 5.2.2.2 节所述动作分层方法，将作战行动决策 Action = $\{A_{\mathrm{Type}}, A_{\mathrm{Time}}, A_{\mathrm{Unit}}, A_{\mathrm{Position}}, A_{\mathrm{Parameters}}\}$ 分解成 5 个部分，即动作类型、执行时间、执行单位、执行地域和动作参数。其中对应到某一具体时刻的决策应是所有智能体的联合动作输出，即 $A_t = (a_t^1, a_t^2, \cdots, a_t^N)$。

（3）AC 强化学习。按照 5.2.3 节所述基于最大熵随机策略梯度求解方法，智能体在联合状态 S_t 时，首先会通过 Actor 网络的 OnlineNet 决策输出动作 $\mu(S_t)$，此时的 $\mu(S_t)$ 是关于一系列动作的概率分布，还需经过采样才会形成最后作用于仿真环境的联合动作 A_t。Agent 与仿真环境交互后，获得回报 R_t 与下一时刻状态 S_{t+1}，依此不断循环产生试错样本元组 $<S_t, A_t, R_t, S_{t+1}>$ 并存入经验回放池。如果经验回放池存满，则覆盖之前的数据存储。每次训练时从经验回放池按照随机采样方式抽取 Minibatch 数据进行参数更新。其中 Actor 和 Critic 网络的 OnlineNet 分别采用式（5.13）和式（5.12）进行参数更新，Actor 和 Critic 网络的 TargetNet 采用软更新算法更新。

联合 Agent 通过观测的状态，基于在线 Actor 网络输出确定的动作，同时训练数据也只使用自己产生的训练数据。每个 Agent 的 Critic 输入除自身的状态动作信息外，还包括其他 Agent 的动作。按照结合 5.2 节中所述多智能体集中式指挥决策方法的有关计算推导过程，结合图 5.5 所示的决策框架，可以进一步得到基于 DSPFG-ME 的多智能体集中式决策算法流程，如表 5.1 所列。

表 5.1　基于 DSPFG-ME 的多智能体集中式决策算法

算法 5.1　基于 DSPFG-ME 的多智能体集中式决策算法流程
1　　初始化联合 Agent 中 Actor-Critic 的 OnlineNet 神经网络参数：θ^Q 和 θ^μ
2　　将 OnlineNet 的参数复制给对应的 TargetNet 参数：$\theta^{Q'} \leftarrow \theta^Q$，$\theta^{\mu'} \leftarrow \theta^\mu$
3　　初始化 Replay Memory Buffer R
4　　初始化 OU 随机过程 N_t

5	初始化每个实体的位置和属性信息
6	初始化信念状态分布 b_0
7	**for** episode $= 1$ **to** M **do**
8	获取所有 Agent 的联合状态，分类输入神经网络
9	**for** $t = 1$ **to** Max-episode-length **do**
10	联合 Agent 的 Online 策略网络输出策略分布 $\mu(S_t \mid \theta^{\mu}) \sim P(m, n)$
	$//P(m, n)$ 为均值 m、方差 n 的正态分布
11	以概率 ε 随机选择动作 A_t，否则从 $P(m, n)$ 中采样得到基于分层的联合动作 A_t，作为联合 Agent 的策略输出
12	在仿真环境中执行动作 $A_t = (a_1, a_2, \cdots, a_N)$，返回 reward R_t 和新的观测值 O，根据式（4.2）更新信念状态 b，由更新后的信念状态 b' 对观测值 O 进行估计得出估计观测 X_{t+1}
13	$S_t, S_{t+1} \leftarrow X_t, X_{t+1}$
14	将 (S_t, A_t, R_t, S_{t+1}) 存入 Replay memory buffer R
15	$S_t \leftarrow S_{t+1}$
16	从 Replay memory buffer R 中随机采样 Minibatch (K) 个数据，得到目标网络价值输出： $y^j = R_t^j + \gamma Q'(S_{t+1}^j, A_{t+1}) \mid_{A_{t+1} = \mu'(S_{t+1}^j)} + \alpha H(\pi(\cdot \mid S_{t+1}^j)), \quad j = [1, K]$
17	定义 TargetNet 中 CriticNet 输出与 OnlineNet 中 CriticNet 输出的 MSE（Mean Squared Error）为 loss： $$L(\theta) = \frac{1}{K} \sum_j (y^j - Q(S_t^j, A_t^j))^2$$
18	更新 Critic：更新 Online Q，采用 Adam optimizer 更新 θ^Q
19	更新 Actor：更新策略网络，使用从 Replay memory buffer 中随机采样的数据对策略的无偏估计： $$\nabla_\theta J \approx \frac{1}{M} \sum_j \nabla_\theta \mu(O_t^j) \nabla_{A_t} (Q'(S_t^j, A_t^j) + H(\pi(\cdot \mid S_t))) \mid_{A_t^j = \mu(O_t^j)}$$
20	更新联合 Agent 的 TargetNet 中 ActorNet 的参数：$\theta^{Q'} \leftarrow \tau \theta^Q + (1 - \tau) \theta^{Q'}$
21	更新联合 Agent 的 TargetNet 中 CriticNet 的参数：$\theta^{\mu'} \leftarrow \tau \theta^{\mu} + (1 - \tau) \theta^{\mu'}$
22	**end for**
23	**end for**

5.3.2 DSPG-ME 网络结构设计

5.3.2.1 分类态势感知网络

分类态势感知网络主要基于态势分类进行态势特征提取，主要包括地图特征提取、实体特征提取和标量特征提取 3 个子网络。如图 5.8 所示，地理信息经过残差网（ResNet）得到作战地域的空间特征，实体信息经过 Transformer 网络得到敌我双方作战实体的特征，标量信息经过 MLP 网络处理得到关于作战任务完成度等标量特征，最终三个特征同时输入一个深度长短期记忆网络（Deep LSTM）实现三类态势信息的特征融合，以供决策使用。

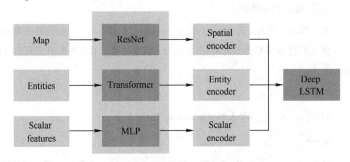

图 5.8　基于分类的态势感知网络

（1）地图特征提取网络。地图特征提取网络主要基于 ResNet 网络对作战地域的地理环境信息进行空间特征提取。针对传统卷积网络和全连接网络在信息传递过程中可能出现的信息丢失、损耗以及梯度消失/爆炸等问题，本书设计了 18-layer 的残差网络，如图 5.9 所示。

其中网络输入为地图信息的矩阵化张量信息，大小为地图高 Height×宽 Width×特征通道数 Channel，然后依次通过 5 个残差单元，最后经过 1 个全连接层输出得到空间特征向量。

（2）实体特征提取网络。实体特征提取网络主要基于 Transformer 网络对敌我双方作战实体的实时状态信息进行特征提取。如图 5.10 所示，网络主要由 4 个编码模块（Encoder）和 4 个解码模块（Decoder）组成。每个编码模块包含两层，分别为自注意力（Self-attention）层和前馈神经网络，主要帮助模型在决策时不仅只关注当前态势信息，而是综合关联前后态势信息的变化进行决策；每个解码模块则是包含三层，除了 Self-attention 层和前馈神经网络之外，在这两层之间还加入了一个注意力层，主要用于帮助当前智能体获取当前需要重点关注的态势信息。

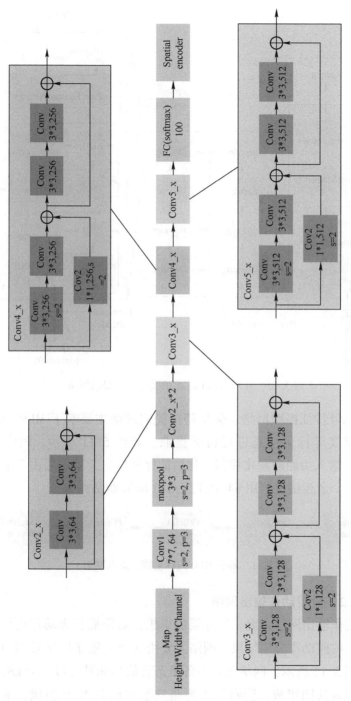

图 5.9　基于 ResNet 的地图特征提取网络

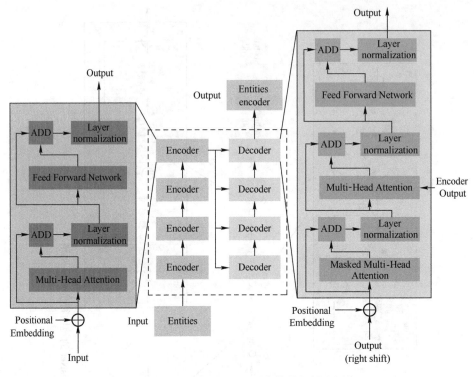

图 5.10 基于 Transformer 的实体特征提取网络

（3）标量特征提取网络。标量特征提取网络主要基于 MLP 网络对作战任务完成度等标量信息进行特征提取。如图 5.11 所示，网络为三层 MLP 结构，输入为经向量化和归一化后的标量信息，隐藏层由三层全连接层构成，每个全连接层采用 64 个神经元和 Relu 激活函数。

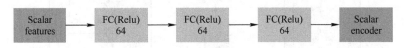

图 5.11 基于 MLP 的标量特征提取网络

5.3.2.2 分层动作输出网络

分层动作输出网络主要采取分层的思想，对作战行为动作进行分解和分层决策，按照动作分层结果，网络主要由 5 个决策子网络按照顺序结构组成。如图 5.12 所示，网络输入为各类态势信息和其经过一个 LSTM 处理后的特征向量共同组成，隐藏层主要是三层结构的 MLP 组成，输出分别依次为决定动作类型的残差多层感知机网络（Residual MLP）、决定执行时间的多层感知机网络（MLP）、决定执行单位的指针网络（Point Network）、决定执行地域的反残差网络（Deconv ResNet）和决定执行参数的注意力网络（Attention）。这 5 个自网络的输出共同组成整个决策网络的最终输出。

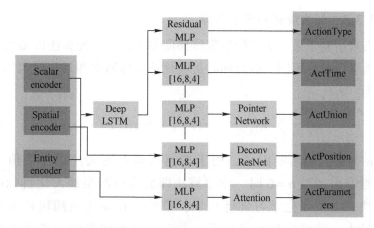

图 5.12　基于分层的动作输出网络

5.3.2.3　Actor–Critic 决策网络

用来拟合策略的 DNN 采用 AC（Actor–Critic）网络结构，包括拟合动作策略的 Actor 网络和进行策略评估的 Critic 网络。其中 Actor 网络输入为状态（态势数据）、输出为动作（作战行动），图 5.12 所示的动作分层输出网络即为 Actor 网络结构。Critic 网络的输入为状态动作对，输出为对应的 Q 值，其网络结构设计成两层 MLP 结构。如图 5.13 所示，输入为

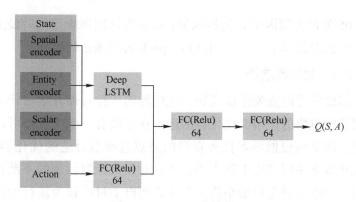

图 5.13　Critic 网络结构图

Agent 的状态量和所有 Agent 的 Actor 网络输出的动作值，分别经过一个 Deep LSTM 和全连接层后共同输入一个采用 Relu 函数的双层 MLP。

5.3.3　神经网络训练

5.3.3.1　最大熵影响因子选择

本书采用基于最大熵的随机策略梯度方法，与传统算法以最大化智能体回报为学习目标不同，而是同时最大化智能体回报和动作的熵值，其目标函数为

$$J(\pi) = \sum_{t=0}^{T} E_{(s_t,a_t) \sim \rho_\pi} \left[r(s_t, a_t) + \alpha H(\pi(\cdot | s_t)) \right] \qquad (5.15)$$

式中：α 为最大熵影响因子，用于控制模型是更关注动作熵值还是回报，不难看出，当 $\alpha = 0$ 时，本书算法即成为以回报最大化目标的传统学习算法。由于强化学习训练初期，策略动作输出的随机性导致熵值初始值较大，策略模型水平较低，此时，注重回报函数的最大化可以有效引导策略探索，故训练前期最大熵影响因子 α 取较小值；在强化学习训练后期阶段，策略模型已达到一定的水平，此时训练更应注重模型鲁棒性的提升，防止其过早收敛于局部最优解，即应更加关注动作的熵值，故训练后期最大熵影响因子 α 取相对较大值。因此，本书最大熵因子 α 取值为

$$\alpha = \begin{cases} 0.05 + step \times epoch, & \alpha < 0.8 \\ 0.8, & \text{其他} \end{cases} \qquad (5.16)$$

式中：0.05 为最大熵因子 α 初始取值；step 为每次训练迭代后最大熵因子增加值，一般取值 $step \in (-\infty, 0.1)$；epoch 为训练迭代次数。

5.3.3.2　优化器选择

作为深度学习的重要组成模块，优化器的选择对提升学习任务的训练效果有着非常重要的作用。优化器的选择在于没有一个优化器可以解决所有的问题，即必须根据学习任务自身的特点选择最合适的优化器。目前，大部分优化器都采用梯度下降方法，通过对损失函数斜率的不断估计，将参数反向移动以得到全局最小值。表 5.2 列出了目前较为流行的几种优化器的优缺点。

表5.2　常用优化器性能比较

优化器名称	占用内存（n 为参数个数）	可调参数数量	优　　点	缺　　点
SGD	0	1	泛化性最好	① 易陷入鞍点或局部极小值 ② 对初始化和学习率的选择敏感
SGD with Momentum	$4n$	2	动量加速度具有稳定的方向，克服了 SGD 的缺点	对学习率和动量的初始化敏感
AdaGrad	约 $4n$	1	① 稀疏数据上表现很好 ② 自适应衰减学习率	① 泛化性差，会收敛到局部极小值 ② 梯度可能因过度缩放而消失
RMSprop	约 $4n$	3	① 稀疏数据上表现很好 ② 具有动量特性	泛化性差，会收敛到局部极小值
Adam	约 $8n$	3	① 稀疏数据上表现很好 ② 参数默认设置表现很好 ③ 自适应衰减学习率	泛化性差，会收敛到局部极小值
AdamW	约 $8n$	3	① 提高了 Adam 泛化性 ② 最优超参数的范围更广	需要较大内存
LARS	约 $4n$	3	① 大 batch（超过 32k）表现很好 ② 克服了动量中的梯度消失和梯度爆炸	计算每层梯度的范数可能是低效的

对于作战指挥决策问题，作战行动存在回报延时、即时回报与全局回报耦合度低等问题，会导致训练样本数据非常稀疏，同时考虑计算资源与效率问题，本书采用 Adam 优化器。Adam 融合了 AdaGrad、RMSprop 和 Momentum 算法特点，其步长的方向由梯度移动平均值决定，大小约为全局步长的上界，可以通过少量的超参数调优获得较好的性能，其计算方法为

$$m_{t+1} = \beta_1 m_t + (1-\beta_1) g_t, \quad v_{t+1} = \beta_2 v_t + (1-\beta_2) g_t^2$$

$$m_{t+1} = \frac{m_{t+1}}{(1-\beta_1)^t}, \quad v_{t+1} = \frac{v_{t+1}}{(1-\beta_2)^t} \tag{5.17}$$

$$w_{t+1} = w_t - \frac{\alpha}{\sqrt{v_{t+1}} + \varepsilon} m_{t+1}$$

式中：β_1 和 β_2 为指数衰减率，分别用于控制权重和之前梯度平方的影响，一般取值 $\beta_1,\beta_2 \in (0.9,1)$；$\alpha$ 为学习率，一般取值为 0.001；$\varepsilon = 10^{-8}$，用于避免除数为 0。

5.3.3.3 学习率

作为深度学习中一个重要超参，学习率通过损失函数梯度来实现对神经网络权重参数的调整。学习率越小，损失函数变化越慢，可以保证训练过程中不错过所有局部极小值，但耗费的时间也就越多，所以合适的学习率设置是保证网络训练效率的关键步骤，即

$$\theta = \theta - lr \frac{\partial}{\partial \theta} J(\theta) \tag{5.18}$$

在本书的作战指挥决策问题中，由于决策模型初期水平较低，博弈产生的样本数据较为稀疏，此时适合采用较快的梯度下降，即较大的学习率；随着模型水平提升，学习率应根据训练迭代次数的增加适当调小，以防错过全局极小值，同时，为了避免陷入局部极小值，对学习率加入适当的扰动，即

$$lr_t = \frac{lr_0}{1+kt} + lr_{\text{noise}} \tag{5.19}$$

式中：$lr_0 \in (0.001,0.01)$ 为初始学习率；k 为控制衰减幅度；t 为训练迭代轮数，$lr_{\text{noise}} = \text{rand}(0,10k)$ 为随机扰动。

5.3.3.4 贪婪因子

为有效平衡对未知策略空间的探索与现有历史经验的利用，本书指挥决策智能体在强化学习训练过程中采用贪心策略。即学习训练过程中，智能体每次决策时以贪婪因子 ε 的概率进行探索，即从未知的动作空间中随机选择，以 $1-\varepsilon$ 的概率基于现有模型进行决策，从已知的动作空间中选择价值最大的动作，即

$$P(A_t|S_t) = \begin{cases} \mu(S_t|\theta^\mu) & \text{以 } 1-\varepsilon \text{ 的概率} \\ \text{rand} & \text{以 } \varepsilon \text{ 的概率} \end{cases} \tag{5.20}$$

在训练初始阶段，模型水平较低，此时，需要尽可能对策略空间进行探索，因此贪婪因子 ε 取较大值，随着探索经验的累计和模型水平的提升，为避免过多的无效探索，此时，应尽可能利用历史经验，所以 ε 因逐

渐减小。同时，为了不断提升模型水平，应继续对未知策略空间进行探索，所以贪婪因子 ε 取值为

$$\varepsilon = \begin{cases} \varepsilon_0 - \varepsilon_{step} \times \text{epoch}, & \varepsilon > \varepsilon_{min} \\ \varepsilon_{min}, & \text{其他} \end{cases} \quad (5.21)$$

式中：ε_0 为初始取值，一般为 0.8 左右；ε_{step} 为贪婪因子随 epoch 增加的衰减因子；ε_{min} 为最小取值。

第6章 基于信息交互的多智能体分散式指挥决策

针对集中式指挥中联合策略引起的高维空间问题，第5章采取在态势输入和动作策略输出时采用分层机制，在决策层面采用基于态势共享的集中式指挥决策方法，可以有效解决集中式指挥决策的搜索效率问题。但是对于大规模的联合作战，实体不仅数量多，而且类型多，这种简单的集中式指挥决策方法显然无法解决多异构实体协同博弈问题，而是需要采取分散式指挥方法。多智能体分散式指挥决策中所有 Agent 根据自己的观测独立进行决策，为完成一个共同的作战目标，需要智能体之间进行态势信息和策略共享。所以如何在 Agent 之间进行高效的信息协同和策略协同也就成为解决多智能体分散式指挥决策的关键。

因此，本章针对多智能体分散式指挥决策中的信息协同和策略协同问题，在分散式指挥决策框架基础上，介绍了基于信息交互的多智能体分散式指挥决策方法，旨在提升多智能体间的协同效率。围绕态势信息和策略信息交互两个方面，通过基于图注意力网络的多智能体信息交互，提升智能体之间信息融合效率，解决信息协同问题；通过构建基于贡献度的值函数分解策略和多 AC 深度强化学习算法，解决策略协同问题，实现基于信息交互的多智能体分散式指挥决策。

6.1 问题提出及解决思路

6.1.1 问题提出

1. 多异构实体信息协同

从单智能体强化学习到多智能体强化学习，最简单的方法是直接将单智能体强化学习应用于多智能体强化学习，对于简单的决策问题通过增加算力可以实现，但是对于作战这种复杂决策问题，一般使用集中式训练和分布式执行机制（CTDE）。单个 Agent 的观测具有一定的局限性，而直接将所有 Agent 的观测信息进行全局共享虽然可以解决信息的共享，但无疑会增大决策的状态空间以及神经网络的参数，使得网络训练更加困难。所以，如何在保证满足决策的信息需求下减少 Agent 之间的信息交互成为多异构实体协同决策架构设计的主要目标。

2. 多异构实体策略协同

在联合作战指挥决策问题中，不同军兵种之间的决策与行动会相互影响，即不同智能体之间的策略会相互作用，任何单个 Agent 的策略改变都会导致全局策略的非平稳性。全局作战态势发展与结果依赖于所有作战单元的决策与行为，任何单个作战单元在进行决策和行动时必须考虑其他作战单元的行动。这在多智能体强化学习中体现为信度分配问题，即如何构建联合奖励函数和联合策略模型来寻找一个策略的纳什均衡。

6.1.2 解决思路

针对上述问题，围绕态势信息和策略信息交互两个方面，本书所采取总体思路如图 6.1 所示，具体包括以下两个部分。

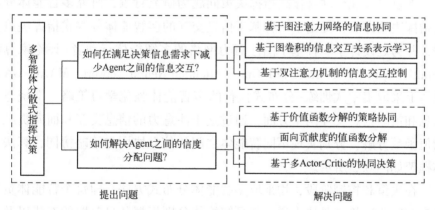

图 6.1 基于信息交互的多智能体分散式指挥决策思路

1. 基于图注意力网络的多智能体信息交互框架

针对多异构实体信息协同问题，采用图注意力网络表示智能体之间的交互关系。具体包括两方面：一是基于图卷积来学习各智能体之间的信息交互关系；二是加入双注意力机制使得智能体更有针对性地接收周围其他智能体的观测信息，从而有效提高智能体之间的交互效率，在保证协同决策的信息交互需求下，尽可能降低神经网络的复杂度，有效提升信息协同效率。

2. 基于值函数分解的多 AC 协同决策算法

针对多异构实体策略协同问题，采用基于值函数分解的多 AC 协同决策算法。具体包括两方面：一是采用多头注意力设计面向贡献度分配的值函数分解架构，建立单个智能体 Q 值与全局 Q 值的关系，从而有效解决智能体之间的信度分配问题；二是采用基于 CTDE 机制的多智能体行动者–评论家算法（Multi–Agent Actor–Critic，MAAC）算法，利用全局 Q 值来指导每个智能体的策略训练，而决策时每个智能体只根据自己的局部观测进行，有效解决非平稳条件下的多智能体协同决策问题。

6.2 多智能体分散式指挥决策方法

6.2.1 分散式指挥决策总体策略

本章以大规模联合作战指挥决策问题为研究背景，研究多智能体分散式指挥决策方法，提出了一种基于信息交互的多智能体分散式指挥决策方法，并为之设计了一种基于图注意力网络的多智能体行动者–评论家算法（Multi–Agent Actor–Critic with Graph Attention Neural Network，MAAC–GA）。总体上采取集中式训练–分布式执行的多智能体强化学习策略，围绕态势信息和策略信息交互两个方面，通过基于注意力的信息交互和面向贡献度的值函数分解，分别实现不同智能体之间的信息协同和策略协同，算法总体框架如图 6.2 所示。

在决策和控制阶段，均采取多智能体分布式方法，即每个智能体负责各自的行为决策，具体来说，就是智能体分别根据各自获取的态势以及其他智能体的交互信息进行决策，直接输出行动选择来指挥各自实体的作战行动。在具体算法实现过程中，采用集中式训练和分散式执行的方式，训练过程中所有智能体使用全局值函数 Q 值更新各自策略，保证对全局作战任务和目标的完成，在执行过程所有智能体只根据各自策略进行决策，有效提升指挥决策效率；智能体之间的协同在各 AC 网络之间实现，具体包括基于图注意力网络的信息协同和基于值函数分解的策略协同。

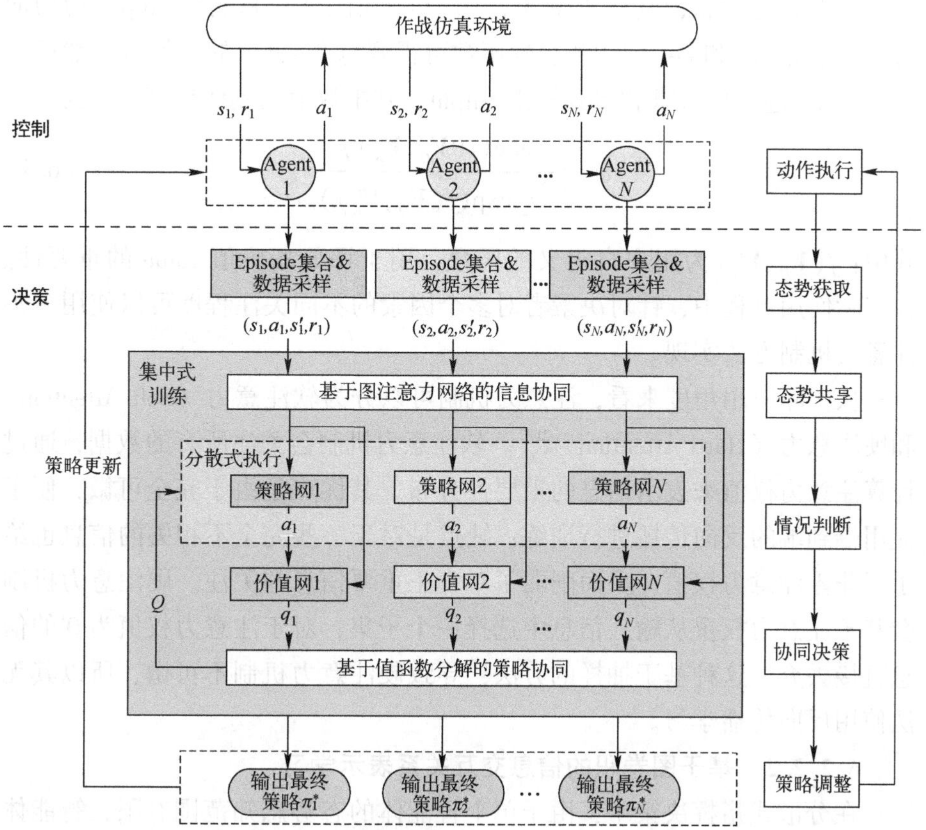

图 6.2　基于信息交互的多智能体分散式指挥决策总体框架

6.2.2　基于图注意力网络的信息协同

6.2.2.1　注意力机制

注意力机制最开始广泛应用于计算机视觉、自然语言处理等领域中。注意力机制本质是根据当前任务从大量信息中选择关键信息，这与多智能体间的信息协同需求不谋而合，所以近年来越来越多的研究者尝试将注意力机制与多智能体强化学习相结合[214]。MAAC 通过选择性关注的方式，使用自注意力机制来学习每个 Agent 的评价函数[215]。TarMAC 算法则通过发送/接收软注意力机制和多轮协作推理实现 Agent 之间有针对性的持续沟通[216]。

注意力机制可以理解为一个函数，输入是查询和一系列键值对，输出即为所需关键信息，其中查询 $\boldsymbol{V}_Q$、键 $\boldsymbol{V}_K^j$、值 value 和输出 output 均为向量。基于 query 和 key 使用相容性函数可得到每个 value 的权值 w_j，然后对所有 value 进行加权求和得到输出 output，其中权值的具体计算方法为

$$w_j = \frac{\exp(f(\boldsymbol{V}_Q, \boldsymbol{V}_K^j))}{\sum\limits_k \exp(f(\boldsymbol{V}_Q, \boldsymbol{V}_K^i))} \tag{6.1}$$

式中：$f(\boldsymbol{V}_Q, \boldsymbol{V}_K^j)$ 为用户自定义的函数，用于评价相应值 value 的重要性。在实际使用过程中，针对决策者对多个因素的不同关注程度可以使用多头注意力机制方法实现。

从实际应用角度来看，注意力机制可以分为软注意力（Soft Attention）和硬注意力（Hard Attention）[217]。软注意力机制会关注所有的数据，通过计算注意力权值来表示信息的重要性分布。其优点是由于完全可微，便于使用端到端的反向传播进行训练；缺点是对于一些完全不相关的信息也给予了非零注意力权值，反而削弱了对真正重要信息的关注。硬注意力机制会基于注意力权重从输入信息中选择一个子集，对于注意力权值为 0 的信息直接丢弃。这种基于抽样的方法，导致硬注意力机制不可微，所以其无法使用反向传播学习。

6.2.2.2　基于图卷积的信息交互关系表示学习

在分散式指挥决策中，由于单个智能体的态势感知范围有限，智能体间的信息交互和共享就显得尤为重要。最为简单的办法是每个智能体都接收来自其他所有智能体的信息，但这无疑会带来信息淹没问题以及网络结构的复杂化，所以如何最有效地给每个智能体推送其所关注的态势信息，在满足决策需求的前提下尽可能减少智能体间的信息交互是本节解决的主要问题。

图卷积网络（Graph Convolutional Network，GCN）是一种针对图的特征提取方法，通过输入节点及其周围节点的特征，使用卷积核等操作可以获得节点特征和网络结构特征的提取与表示，将智能体之间的信息交互关系看成一种特殊的图，利用图卷积的方法可以有效地进行对其进行表示和学习。基于图卷积的多智能体信息交互网络如图 6.3 所示。

其中交互网络的输入是每个智能体 i 各自的观测信息 o_i，通过基于图卷积的多智能体信息交互网络来学习哪些智能体之间需要进行态势信息共

享，从而输出共享后的态势信息 o'_i，后续作为每个智能体进行决策的输入。

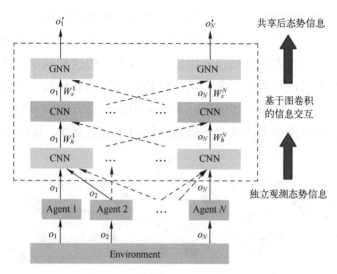

图 6.3　基于图卷积的多智能体信息交互网络

借鉴人类的注意力机制，本书信息交互表示学习的图卷积采用多头注意力机制方法，完成从繁杂的全局态势信息中选择出对当前智能体完成任务目标更需要的关键态势信息。在具体实现过程中，通过控制注意力权重系数，实现对不同态势信息的取舍。按照 6.2.2.1 节所述原理，可将任意智能体 i、j 之间的信息交互关系（注意力权重）表示为

$$\alpha_{ij}^m = \frac{\exp(\tau W_Q^m h_i (W_K^m h_j)^{\mathrm{T}})}{\sum_{k \in B_{+i}} \exp(\tau W_Q^m h_i (W_K^m h_k)^{\mathrm{T}})} \tag{6.2}$$

式中：m 为注意力头数，用以表示智能体所关注的关键信息类型数量，对于每一个注意力头，输入特征的 value 被赋予一定的权重。接着将所有注意力头的输出拼接为总输出并经过一个非线性单元 σ，从而得到卷积层的最终输出：

$$h'_i = \sigma \left(\mathrm{concatenate} \left[\sum_{j \in B_{+i}} \alpha_{ij}^m W_V^m h_j, \forall m \in M \right] \right) \tag{6.3}$$

通过上述基于注意力机制的图卷积网络，能够学习出 Agent 之间有效的信息交互关系，实现智能体之间有针对性地进行信息共享，从而提高信息交互效率和协作水平。

6.2.2.3 基于双注意力机制的信息交互控制

实现多智能体协作需要智能体间进行信息交互，而大量的信息交互也会使得神经网络变得更为复杂，增加参数的个数和训练的难度。在实际的指挥决策过程中，并不是所有的智能体间都需要交互，传统的方法只能根据实际作战任务或者指挥员经验确定交互需求，但这种基于人为的交互规则设计对指挥员认知水平要求较高，特别是在较大规模时，人为设计会具有一定的片面性。针对上述问题，本书采用图网络方法表示智能体间的交互关系，使用双注意力机制来控制智能体间的信息交互，如图6.4所示。

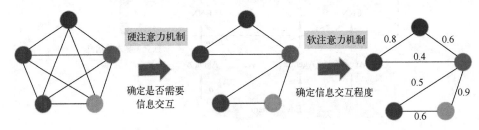

图6.4　基于双注意力机制的信息交互控制

首先使用硬注意力机制（Hard-attention）来确定哪些智能体间需要交互，如需信息交互则在智能体间建立交互边；然后在此基础上利用软注意力机制来确定上述交互的信息程度，即使用交互边的权重来表示智能体间的信息交互程度。

1. 硬注意力机制

硬注意力机制主要用于确定哪些 Agent 之间需要交互，结构如图6.5所示。对于任意两个智能体 $i,j \in 1,2,\cdots,n,i \neq j$，通过输出 $W_h^{i,j} \in 0,1$ 代表是否存在交互边。学习和使用 LSTM，同时为克服因采样导致的不可微

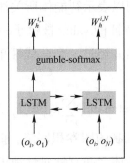

图6.5　硬注意力机制网络架构

（不能使用反向传播梯度），此处使用 gumbel-softmax 函数，从而输出 $W_h^{i,j}$ 可进一步表示为

$$W_h^{i,j} = \text{gum}(f(\text{Bi-LSTM}(h_i, h_j))) \tag{6.4}$$

式中：gum( ) 为 gumbel-softmax 函数；$f( )$ 为全连接层；h_i 为节点 i 的特征。

考虑到 LSTM 的输出顺序关系，且输出权值 $W_h^{i,j}$ 只与 j 之前的智能体有关，无法计算与 j 后续智能体间的交互权值，为此，本书采用双向长短期记忆网络，即 Bi-LSTM 函数，通过两个正反方向的 LSTM 函数输出叠加实现所有智能体间的交互权值输出。

2. 软注意力机制

软注意力机制（Soft-attention）主要是用于确定由硬注意力机制生成的拓扑图中保留边的权重，即信息交互的程度，结构如图 6.6 所示。采用最基础的 attention 机制进行计算，即使用查询键系统（Key-value），软注意力权重 $W_s^{i,j}$ 将嵌入 e_i 和 e_j 进行比较，并将这两个嵌入之间的匹配值传递到 softmax 函数中，即

$$W_s^{i,j} \propto \exp(e_j^{\mathrm{T}} W_k^{\mathrm{T}} W_q e_i W_h^{i,j}) \tag{6.5}$$

式中：W_k 将 e_j 转换为一个密钥；W_q 将 e_i 转换为一个查询；$W_h^{i,j}$ 是硬注意力值。软注意力值 $W_s^{i,j}$ 即为边的最终权重。

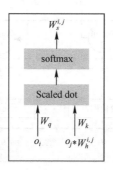

图 6.6　软注意力机制网络架构

6.2.3　基于价值函数分解的策略协同

现代军事应用背景下，多单元协同场景不断增多，提升多智能体协同完成任务的能力，是合作型多智能体技术的研究热点。一种解决方案是多智能体独立 Q 学习（Independent Q-learning）[53]，将多智能体学习问题分解为多个独立的单智能体学习问题，但该方法没有考虑到由环境动力学引

起的不稳定性，经常面临收敛性差的问题；另一种解决方案是集中训练和分散执行（Centrallized Training and Decentralized Execution，CTDE）模式[33]，在训练阶段学习一个联合动作价值函数，执行阶段则只根据各自的观测进行决策。

在传统合作型多智能体环境中，团队有一个共同的回报，每个智能体没有自己单独的奖励。当完全集中化的训练时，即将所有的智能体结合作为一个智能体网络进行训练，由于观测空间、动作空间和奖励都是全局的，其本质上是单智能体算法，无法体现每个智能体的贡献区别，所以这种无区别的多智能体系统在策略空间探索时，由于效率低下，可能会导致整体的回报降低；当完全分散训练时，由于环境是动态的，因此学习的不稳定是一个问题，同时，它的回报也无法判断是由它自己还是队友产生的，可能会有回报的误导。因此，本书采用集中式训练和分散式执行方法，使用值函数分解的贡献度匹配方法，解决个体目标与全局作战目标融合，如图 6.7 所示。

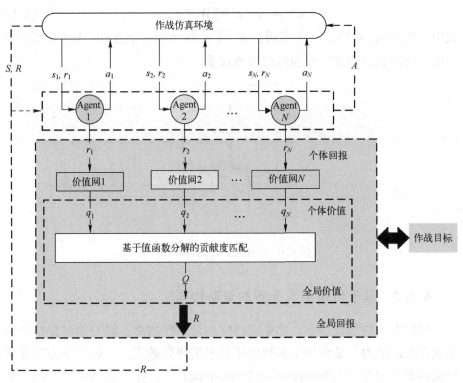

图 6.7　面向贡献度的个体目标与全局作战目标融合

6.2.3.1　常用值函数分解方法

值函数分解是单智能体强学习方法扩展到多智能体强化学习最为常用、有效的方法。其基本原理是在 CTDE 框架基础上，将各个智能体的局部值函数通过一个混合网络（Mixing Network）进行融合得到全局值函数，如图 6.8 所示。这种基于全局 Q 函数的训练方式可以有效解决多智能体非平稳性问题，基于各自局部观测的执行又可以有效降低空间维度问题。但是如何将局部 Q 值恰当地融合成全局 Q 值，是值函数分解方法研究的关键。

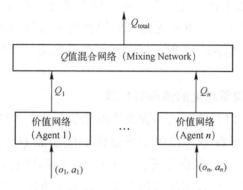

图 6.8　值函数分解方法基本原理

VDN[119] 为每个智能体单独设置 Q 值，取每个智能体最大的 Q 值（同时采取产生最大 Q 值这个动作，但有机率选择随机动作进行探索），然后将各智能体 Q 值加和作为整体的 Q 值，最后通过回报的误差反向学习，从而可以体现每个智能体的影响大小，即集中训练，分散执行，如下式所示：

$$Q_{\text{total}}(\tau, u) = \sum_{i=1}^{n} Q_i(\tau^i, u^i; \theta^i) \tag{6.6}$$

QMIX[123] 是 VDN 基础上的发展，相比于 VDN 简单地对局部动作值函数求和相加，QMIX 使用神经网络来拟合局部值函数与全局值函数之间的关系，可以求解表达更为复杂的协同关系，具体计算方法为

$$\arg\max_{u} Q_{\text{total}}(\tau, u) = \begin{pmatrix} \text{argmax} u^1 Q_1(\tau^1, u^1) \\ \vdots \\ \text{argmax} u^n Q_n(\tau^n, u^n) \end{pmatrix} \tag{6.7}$$

为进一步提高算法性能，QMIX 在训练过程中还使用了全局状态信息，

并对智能体局部值函数和全局值函数的单调性进行约束：$\dfrac{\partial Q_{total}}{\partial Q_a} \geq 0, \forall a \in$

A，并采用 $L(\theta) = \sum\limits_{i=1}^{b} \left[(y_i^{total} - Q_{total}(\tau, u, s; \theta))^2 \right]$ 作为损失进行端到端的训练。

QTRAN[124] 提出一种的新架构，该架构由联合行动价值网络、个人行动价值网络以及状态价值网络相互连接的深度神经网络组成。单智能体的值函数不受累加或者单调性的约束，同时保证学习效果的稳定性。Qatten[125] 算法采用注意力机制方法从理论上推导证明了个体值函数 Q_i 和全局值函数 Q_{total} 的关系，并在无附加假设和约束条件的情况下提出了一种通用的 Q 值混合分解网络，但正是由于过松的约束导致其在实际应用中效果并不理想。

6.2.3.2　面向贡献度的值函数分解

值分解方法可以有效解决多智能体强化学习的非平稳性问题。VDN 和 QMIX 都对全局值函数 Q_{total} 和单个智能体的值函数 Q_i 关系做了假设限制（加性或单调），且缺少理论分析，而 QTRAN 虽然没有限制二者之间的关系，但其约束松弛也导致训练难以收敛。Qatten 方法虽然在算法理论层面解决了值函数分解方法，但对具体参数缺乏实际的应用说明和理论支撑。为此，本书在 Qatten 方法[125] 基础上引入贡献度的思想，提出一种基于多头注意力机制的 Q 值分解方法。

对于多智能体强化学习的值分解，基本思路是：全局值函数 $Q_{total}(S, A)$ 为基于联合状态 S 和联合动作 $A = (a_1, a_2, \cdots, a_N)$ 的函数，而基于隐函数定理，全局值函数 Q_{total} 也可以分别看作是单个智能体值函数 Q_i 的函数，即

$$Q_{total} = Q_{total}(S, Q_1, Q_2, \cdots, Q_N) \tag{6.8}$$

其中 $Q_i = Q_i(S, a_i) \approx Q_i(\tau_i, a_i)$。

通常，我们假设不存在与全局无关的"独立" Agent，则对于单个智能体 i，其应视为全局智能体的组成部分，也就是说，其可以视为独立智能体来优化其自身策略。这在数学上意味着全局值函数 Q_{total} 对所有单个智能体值函数 Q_i 的导数不等于 0，即

$$\dfrac{\partial Q_{total}}{\partial Q_i} \neq 0 \tag{6.9}$$

而在极值点 a_0 时，全局值函数 Q_{total} 对动作的导数为 0，即

$$\frac{\partial Q_{\text{total}}}{\partial a_i} = \frac{\partial Q_{\text{total}}}{\partial Q_i}\frac{\partial Q_i}{\partial a_i} = 0 \tag{6.10}$$

因此，可以得出结论，在极值点 a^0 单个智能体值函数 Q_i 对动作的导数也为 0，即

$$\frac{\partial Q_i}{\partial a_i}(a^0) = 0 \tag{6.11}$$

泰勒展开式：

$$Q_{\text{total}} = 常数 + \sum_i \mu_i Q_i + \sum_{ij} \mu_{ij} Q_i Q_j + \cdots + \sum_{i_1 \cdots i_k} \mu_{i_1 \cdots i_k} Q_{i_1} \cdots Q_{i_k} + \cdots \tag{6.12}$$

其中一阶、二阶系数：

$$\mu_i = \frac{\partial Q_{\text{total}}}{\partial Q_i}, \quad \mu_{ij} = \frac{1}{2}\frac{\partial^2 Q_{\text{total}}}{\partial Q_i \partial Q_j} \tag{6.13}$$

k 阶系数推广到一般形式可表示为

$$\mu_{i_1 \cdots i_k} = \frac{1}{k!}\frac{\partial^k Q_{\text{total}}}{\partial Q_{i_1} \cdots \partial Q_{i_k}} \tag{6.14}$$

在极值点 a_0 对单个智能体值函数 Q_i 进行泰勒展开，同时，由于在 a_0 点导数为 0，其泰勒展开一阶项为 0，即有

$$Q_i(a_i) = \alpha_i + \beta_i(a_i - a_i^0)^2 + o((a_i - a_i^0)^2) \tag{6.15}$$

式中：α_i 和 β_i 均为常量，将其带入到全局值函数 Q_{total} 的泰勒展开式中。以二阶项计算为例：

$$\begin{aligned}
\sum_{ij} \mu_{ij} Q^i Q^j &= \sum_{ij} \mu_{ij}(\alpha_i + \beta_i(a^i - a_0^i)^2)(\alpha_j + \beta_j(a^j - a_0^j)^2) + o(\|a - a_0\|^2)\\
&= \sum_{ij} \mu_{ij}\alpha_i\alpha_j + 2\sum_{ij}\mu_{ij}\alpha_j\beta_i(a^i - a_0^i)^2 + o(\|a - a_0\|)^2\\
&= \sum_{ij} \mu_{ij}\alpha_i\alpha_j + 2\sum_{ij}\mu_{ij}\alpha_j(Q^i - \alpha_i) + o(\|a - a_0\|)^2\\
&= \sum_{ij} \mu_{ij}\alpha_i\alpha_j + 2\sum_{ij}\mu_{ij}\alpha_j(Q^i - \alpha_i) + o(\|a - a_0\|)^2\\
&= -\sum_{ij} \mu_{ij}\alpha_i\alpha_j + 2\sum_{ij}\mu_{ij}\alpha_j Q^i + o(\|a - a_0\|)^2
\end{aligned} \tag{6.16}$$

令二阶项的系数为 λ，即

$$\lambda_{i,2} = 2 \sum_{ij} \mu_{ij} \alpha_j \tag{6.17}$$

由此类推，各阶系数可表示为

$$\mu_{i_1 \cdots i_k} = \frac{1}{k!} \frac{\partial^k Q_{\text{total}}}{\partial Q^{i_1} \cdots \partial Q^{i_k}} \tag{6.18}$$

且

$$\sum_{i_1 \cdots i_k} \mu_{i_1 \cdots i_k} Q^{i_1} \cdots Q^{i_k} = -(k-1) \sum_{i_1 \cdots i_k} \mu_{i_1 \cdots i_k} + \sum_{i_1 \cdots i_k} \mu_{i_1 \cdots i_k} \alpha_{i_1} \cdots \alpha_{i_{k-1}} Q^{i_k} + o(\|a - a_o\|)^2 \tag{6.19}$$

因此，可令

$$\lambda_{i,k} = k \sum_{i_1 \cdots i_k} \mu_{i_1 \cdots i_{k-1}} \alpha_{i_1} \cdots \alpha_{i_{k-1}} \tag{6.20}$$

其中级数 $\sum_k \lambda_{i,k}$ 收敛条件非常宽松，例如，只需要保证有界或者 k 阶偏导数 $\dfrac{\partial^k Q_{\text{total}}}{\partial Q^{i_1} \cdots \partial Q^{i_k}}$ 有递增即可。将所有经过上述方法计算后的泰勒展开项带入到 Q_{total} 中，同时，系数用 λ 表示，即可得到

$$Q_{\text{total}}(s, \vec{a}) \approx c(s) + \sum_{i,h} \lambda_{i,h}(s) Q^i(s, a^i) \tag{6.21}$$

式中：$c(s)$ 为常量；$\lambda_{i,h}$ 为所有 h 阶偏导数 $\dfrac{\partial^h Q_{\text{total}}}{\partial Q^{i_1} \cdots \partial Q^{i_k}}$ 的线性函数，表示全局值函数 Q_{total} 对第 i 个智能体的值函数 Q_i 进行分解时的 h 阶系数，且随阶数 h 以指数形式快速衰减。

上式 Q_{total} 看似为 Q^i 的线性加权组合，但其实也包含了非线性信息。因为注意力系数 $\lambda_{i,h}$ 作为所有 h 阶偏导数 $\dfrac{\partial^h Q_{\text{total}}}{\partial Q^{i_1} \cdots \partial Q^{i_k}}$ 的线性函数，对应于所有 h 阶交叉项 $Q^{i_1} \cdots Q^{i_k}$，即 $\lambda_{i,h}$ 和其他智能体 Q^i 均相关。因此，对于多智能体值分解问题，我们可以采用注意力机制作为通用函数逼近器来逼近系数 $\lambda_{i,h}(s)$（最大归一化因子）。

6.2.3.3 多 AC 协同决策

为实现多异构实体之间的协同决策，总体上采取基于多 AC 的 CTDE 训练框架，即集中式训练和分布式执行的模式。与 5.2.3.3 节的单 AC 学习框架类似，使用参数化的神经网络拟合价值网络 $Q_\theta(s_t, a_t)$ 和策略网络 $\pi_\theta(a_t|s_t)$。不同的是，每个智能体 i 均维护一个策略网络 π_i 和价值网络

Q_i，最终用于计算损失函数的 Q 值为全局值函数 Q_{total}，其所有的价值网络 Q_i 通过一个多头注意力网络混合输出得到，具体如图 6.9 所示。

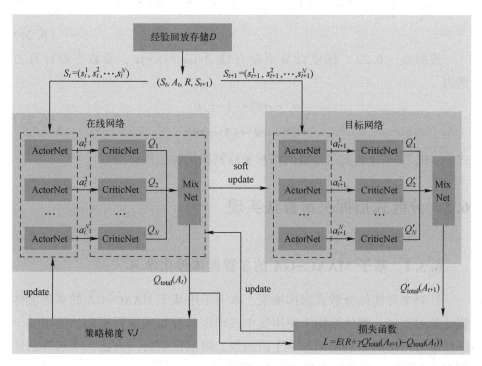

图 6.9　多 AC 决策原理

在基于图注意力网络的态势信息共享后，所有单个 Agent 均根据自己观测的态势信息按照自己的策略 π_i 进行决策和输出相应动作 a_i，并将数据存入样本经验池。从经验池中随机采样得到样本数据，得到每个 Agent i 的目标网络价值输出 $Q'_i(S^i_i, A^i_i)$，将所有 Q'_i 输入到多头注意力网络得到全局价值 Q'_{total}，与实时全局奖励相加得到目标网络价值输出：

$$y^j = R^j_t + \gamma Q'_{\text{total}}(S^j_{t+1}, A_{t+1})\big|_{A_{t+1}=\mu'(S^i_{t+1})} + \alpha H(\pi(\ \cdot\ |S^j_{t+1}))\quad j=[1,K]$$

(6.22)

使用目标网络中 CriticNet 输出与在线网络中 CriticNet 输出的 MSE（Mean Squared Error）为损失函数：

$$L(\theta) = \frac{1}{K}\sum_j (y^j - Q_{\text{total}}(S^j_t, A^j_t))^2$$

(6.23)

然后使用优化器更新在线 Critic 网络，并更新在线 Q_i。使用从 Replay

memory buffer 中随机采样的数据对策略进行无偏估计:

$$\nabla_{\theta} J \approx \frac{1}{L} \sum_{j} \nabla_{\theta} \mu_i(O_t^j) \, \nabla_{A_t}(Q_{\text{total}}'(S_t^j, A_t^j) + H(\pi(\cdot \mid S_t))) \big|_{A_t^j = \mu(O_t^j)}$$

$$(6.24)$$

按照式（6.22）梯度计算更新在线 Actor 网络 μ_i，参数更新计算方法为

$$\theta_i^{Q'} \leftarrow \tau \theta_i^Q + (1-\tau) \theta_i^{Q'}$$
$$\theta_i^{\mu'} \leftarrow \tau \theta_i^{\mu} + (1-\tau) \theta_i^{\mu'}$$

$$(6.25)$$

式中：θ_i^Q、θ_i^μ 分别表示价值网络和策略网络的神经网络参数。

6.3　分散式指挥决策算法实现

6.3.1　基于 MAAC-GA 的多智能体强化学习

针对多智能体分散式指挥决策，本书采用基于 MAAC-GA 的多智能体强化学习方法，整体架构上使用集中式训练和分布式执行机制，使用基于图注意力网络的信息协同和基于值函数分解的策略协同方法，求解算法使用多 AC 算法，具体框架如图 6.10 所示。

（1）基于图注意力网络的信息协同。对应分布式执行过程中，在决策模型输入层，智能体 i 分别从环境获取态势观测信息 o_i，采用 6.2.2 节所述的信息交互方法，经过基于双注意力的图网络输出得到信息共享后的态势信息 o_i'，并输入到分布式 Actor 网络，分别作为各自策略网络 μ_i 的输入。

（2）基于值函数分解的策略协同。对应集中式训练过程中，在价值网络模型中，每个智能体 i 对应的价值网络输出得到个体局部值函数 Q_i，通过多头注意力网络得到全局值函数 Q_{total}，实现个体目标与全局目标的融合。

（3）多 AC 强化学习。分布式执行部分采用与第 5 章一致的最大熵随机策略梯度求解方法，不同的是，单个智能体 i 在根据各自观测以及经信息协同之后的 s_t 独立决策，每个 Actor 网络的 OnlineNet 分别根据当前获取的态势数据输出动作 a_t，分别与仿真环境交互后，获得各自回报 r_t 与下一

时刻状态 s_{t+1}。与第 5 章单 AC 另一个不同之处是集中式训练部分，采取 6.2.3 节所述的值函数分解方法将个体值函数与全局值函数融合，使用全局值函数对各自的策略网络和价值网络。Actor 和 Critic 网络的 OnlineNet 分别采用式（6.24）和式（6.23）进行参数更新，Actor 和 Critic 网络的 TargetNet 采用软更新算法更新。

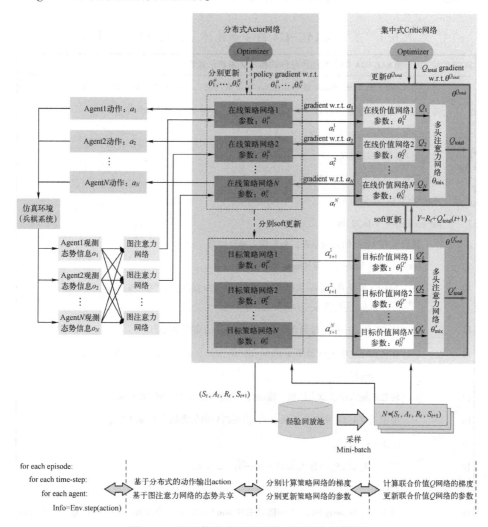

图 6.10　基于信息交互的分散式指挥决策框架

按照 6.2 节所述多智能体集中式指挥决策方法，结合图 6.10 所述的决策框架，可以将具体算法实现分为三个部分：参数初始化部分，主要完成多 AC 网络参数和经验池 Buffer 的初始化；信息共享与样本生成，主要是各 Agent 按照分布式执行机制在基于图注意力网络的信息交互共享进行独立决策，并产生相应的指挥决策样本数据缓存于经验池；梯度计算与策略更新，主要是基于从经验池采样的数据，使用基于多头注意力网络的值函数分解对全局 Q 值进行估计，利用双网络梯度方法对 Actor 和 Critic 网络参数进行更新。具体算法流程如表 6.1 所列。

表 6.1 基于 MAAC-GA 的多智能体分散式指挥决策算法

算法 6.1 基于 MAAC-GA 的多智能体分散式指挥决策算法流程
1   初始化 Agent i 中 Actor-Critic 的 OnlineNet 和多头注意力神经网络参数：θ_i^{μ}、θ_i^{Q} 和 θ_{mix}
2   将 OnlineNet 的参数复制给对应的 TargetNet 参数：$\theta_t^{\mu'} \leftarrow \theta_t^{\mu}$，$\theta_i^{Q'} \leftarrow \theta_i^{Q}$，$\theta_{\mathrm{mix}}' \leftarrow \theta_{\mathrm{mix}}$
3   初始化 Replay memory buffer R
4   初始化 OU 随机过程 N_t
5   初始化每个实体的位置和属性信息
6   初始化信念状态分布 b_0
7   **for** episode = 1 **to** M **do**
8   获取所有 Agent 的初始状态，分类输入神经网络
9   **for** t = 1 **to** Max-episode-length **do**
10   Agent i 根据的 Online 策略网络输出策略分布 $\mu_i(O_t \mid \theta^{\mu_1}) \sim P(m,n)$ $//P(m,n)$ 为均值 m、方差 n 的正态分布
11   从 $P(m,n)$ 中采样得到动作 a_i^t，作为 Agent i 的策略输出
12   在仿真环境中执行动作 $A_t = (a_1^t, a_2^t, \cdots, a_N^t)$，返回 reward R_t 和新的观测值 $O_t = (o_1, o_2, \cdots, o_N)$
13   将观测输入图注意力网络，输出得到信息共享后的观测 $O_t' = (o_1', o_2', \cdots, o_N')$
14   根据式（4.2）更新信念状态 b，由更新后的信念状态 b' 得出 X_{t+1}
15        $S_t, S_{t+1} \leftarrow X_t, X_{t+1}$
16   将 (S_t, A_t, R_t, S_{t+1}) 存入 Replay memory buffer R
17        $X_t \leftarrow X_{t+1}$
18   从 Replay memory buffer R 中随机采样 Minibatch（K）个数据，得到每个 Agent i 的目标网络价值输出 $Q_i'(S_t^i, A_t^i)$
19   将所有 Q_i' 输入到多头注意力网络得到全局价值 Q_{total}'
20   与实时全局奖励 R 相加得到目标网络价值输出： $y^j = R_i^j + \gamma Q_{\mathrm{total}}'(S_{t+1}^j, A_{t+1}) \mid_{A_{t+1} = \mu'(S_{t+1}^j)} + \alpha H(\pi(\,\cdot\, \mid S_{t+1}^j))$，$j = [1, K]$

21	定义 TargetNet 中 CriticNet 输出与 OnlineNet 中 CriticNet 输出的 MSE（Mean Squared Error）为 loss：$$L(\theta) = \frac{1}{K} \sum_j (y^j - Q_{\text{total}}(S_t^j, A_t^j))^2$$
22	更新 Critic：更新 Online Q_{total}，采用 Adam optimizer 更新 θ_{mix}
23	**for** Agent $i = 1$ **to N do**
24	更新 Critic：更新 Online Q_i，采用 Adam optimizer 更新 θ_i^Q
25	使用从 Replay memory buffer 中随机采样的数据对策略的无偏估计：$$\nabla_\theta J \approx \frac{1}{L} \sum_j \nabla_\theta \mu_i(O_t^j) \nabla_{A_t}(Q'_{\text{total}}(S_t^j, A_t^j) + H(\pi(\cdot \mid S_t))) \mid_{A_t^j = \mu(O_t^j)}$$
26	更新 Actor：更新 Online μ_i，采用 Adam optimizer 更新 θ_i^μ
27	**end for**
28	更新联合 Agent 的 TargetNet 中 ActorNet 的参数：$\theta_i^{Q'} \leftarrow \tau\theta_i^Q + (1-\tau)\theta_i^{Q'}$
29	更新联合 Agent 的 TargetNet 中 CriticNet 的参数：$\theta_i^{\mu'} \leftarrow \tau\theta_i^\mu + (1-\tau)\theta_i^{\mu'}$
30	**end for**
31	**end for**

6.3.2　MAAC-GA 网络架构设计

6.3.2.1　图注意力信息协同网络

信息协同网络主要用于确定智能体之间如何进行信息交互，即确定哪些智能体之间需要进行交互和需要交互哪些信息。

如图 6.11 所示，网络的输入为所有智能体 Agent 分别从环境得到的观测值 o_i，首先通过硬注意力机制层确定智能体之间是否需要信息交互，然后再经过软注意力机制层确定信息的交互程度，最后输出为信息交互之后的作战态势信息 o_i'，分别供每个 Agent 决策使用。

信息协同网络的主体是硬注意力机制模块和软注意力机制模块，其中硬注意力机制使用 LSTM 网络确定任意两个智能体之间是否需要信息共享，软注意力机制采用经典的注意力网络确定信息共享程度。

6.3.2.2　多头注意力策略协同网络

策略协同网络主要基于值函数分解方法来实现多个 Agent 之间的协同决策。如图 6.12 所示。

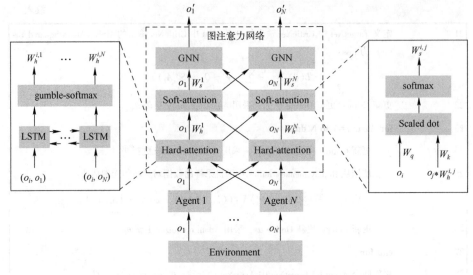

图 6.11 图注意力信息协同网络

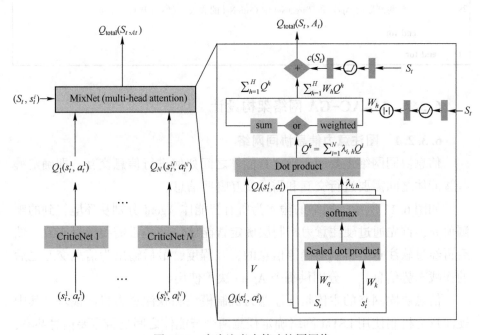

图 6.12 多头注意力策略协同网络

每个 Agent 在 t 时刻根据自己的价值网络对当前的态势 s_t^i 和行为 a_t^i 进行判断，得到对应的 $Q_i(s_t^i, a_t^i)$，所有的 $Q_i(s_t^i, a_t^i)$ 和全局状态 S_t 共同作为 MixNet 的输入，输出为全局值函数 $Q_{total}(S, A)$。

MixNet 网络主要是基于多头注意力机制设计，具体结构如图 6.12 右半部分所示。多头注意力网络的输入 V、W_q 和 W_k 分别为单个智能体值函数 $Q_i(s_t^i, a_t^i)$、全局状态信息 S_t 和个体状态信息 s_t^i，输出为当前智能体值函数在全局值函数中所占比系数 $\lambda_{i,h}$，最后按照式（6.21）输出全局 Q_{total}。

6.3.2.3　多 AC 协同决策网络

多 AC 协同决策网络整体结构与 5.3.2.3 节中 Actor-Critic 网络类似，采用 OnlineNet 和 TargetNet 的双网络结构，通过两个网络间的 Soft 更新，保证学习过程的稳定性和有效收敛。

与集中式指挥决策不同，多 AC 协同决策网络中每个 Agent 均训练有一个 Actor 网络和 Critic 网络，执行时，每个 Agent 基于自己的策略网络进行决策，但是在进行策略梯度更新时是基于联合值函数 $Q_{\text{total}}(A_t)$，对应的求解损失函数时也是基于联合值函数 $Q'_{\text{total}}(A_t)$。这种基于各自的观测和策略进行决策和基于全局值函数的策略评估是典型的集中式训练-分布式执行（CTDE）架构，既可以在决策时有效减少冗余信息和缩减策略空间，又能保证个体作战目标与全局作战目标的有机融合。多 AC 协同决策网络如图 6.13 所示。

6.3.3　神经网络训练

6.3.3.1　优化器选择

在第 5 章多智能体集中式指挥决策中使用了 Adam 优化器，在稀疏数据上可以取得较好的效果，但是对于多智能体分散式指挥决策中，不同军兵种类型的 Agent 所面临的策略空间和拥有的作战性能不尽相同，Adam 优化器的快速下降特点有可能会使得模型收敛至局部极小值。因此，在本章分散式指挥决策中，选取 Adam 和 SGD 两种优化器混合使用。在训练初期，先使用 Adam 优化器进行快速下降，然后再换到 SGD 优化器，利用其易泛化特性进行充分调优。

6.3.3.2　Dropout 参数设置

对于大规模的分散式指挥决策，神经网络较为复杂，参数也较多，为有效缓解模型训练的过拟合现象，本章中引入 Dropout 方法，使得网络在前向传播过程中部分神经元的激活值以概率 P_{dropout} 停止工作，降低对部分局部特征的依赖性，从而达到提升模型泛化能力的效果。标准神经网络计

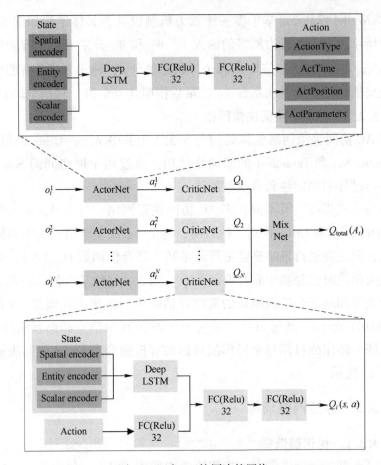

图 6.13 多 AC 协同决策网络

算公式为

$$z_i^{(l+1)} = w_i^{(l+1)} y^l + b_i^{(l+1)}$$
$$y_i^{(l+1)} = f(z_i^{(l+1)})$$

(6.26)

经 Dropout 处理后神经网络计算公式变为

$$r_j^{(l)} \sim \text{Bernoulli}(P_{\text{dropout}})$$
$$\widetilde{y}^{(l)} = r^{(l)} * y^{(l)}$$
$$z_i^{(l+1)} = w_i^{(l+1)} \widetilde{y}^l + b_i^{(l+1)}$$
$$y_i^{(l+1)} = f(z_i^{(l+1)})$$

(6.27)

式中：Bernoulli 函数是为了以概率 P_{dropout} 随机生成一个 0，1 的向量。

6.3.3.3　损失函数正则化约束

为进一步避免模型过拟合和提高模型的泛化能力，本章对损失函数引入正则化约束。损失函数正则化一般是通过在原有损失函数加上一个额外项，用于限制部分参数的取值。针对作战样本稀疏问题，为避免产生稀疏解和尽可能引入更多的特征选择，本书采取 $L2$ 正则化方法，计算方法为

$$\text{Loss}_{L2} = \text{loss}(w,x) + \lambda \|W\|_2^2 \tag{6.28}$$

式中：λ 为正则化系数，一般在训练初始阶段设置为 0，待学习率确定后，给 λ 设置一个小于 1 的初始值，然后根据验证准确率不断进行调节。

第7章　基于知识驱动的智能决策模型训练优化

第5章和第6章分别从集中式和分散式两种指挥方式研究了基于多智能体强化学习的智能指挥决策方法，这种基于深度强化学习方法得到的决策模型，本质上可以看作是使用深度神经网络非线性拟合的决策经验，也可以理解为指挥决策思维过程的数据化表征。强化学习的试错-学习机制虽然可以模仿人类学习和经验累计的过程，但是对于复杂的作战问题，由于高维状态动作空间会使得强化学习的探索效率非常低下，甚至根本无法学到有效的策略。同时作战指挥不仅仅是一门思维科学，更是一门艺术科学，很多决策信息和方法很难量化成具体的公式，即使是强化学习中最重要的奖励函数也都面临着反馈稀疏和不准确的问题，也都制约了学习效率和学习水平。充分利用人类指挥员的经验知识可以在一定程度上解决指挥决策的艺术问题，有效提升智能决策模型的效率。因此，如何将指挥员经验知识与基于深度学习的智能决策模型相结合，充分发挥人类感性认知特点和数据理性计算能力将是加速智能指挥决策落地的重要一环。

本章针对复杂策略空间下智能决策模型训练效率问题，在前文基于多智能体分层强化学习的指挥决策研究基础之上，介绍了基于知识驱动的智能决策模型训练优化方法。通过引入人类指挥员等专家经验知识，围绕奖励稀疏延时、探索盲目性和不稳定性三个问题，从奖励函数设计、策略初始化和训练机制三个方面研究如何充分利用领域经验知识，将模仿学习与多智能体强化学习相结合，以提高强化学习的效率和提升智能决策模型水平。

7.1　问题提出及解决思路

7.1.1　问题提出

1. 奖励稀疏延时

强化学习的学习目标能否与作战任务目标统一，奖励函数的设计起着决定性作用。战争作为典型复杂问题，以自然语言形式表征的作战目标却很难直接转换成准确的奖励函数，同时，由于作战影响因素的复杂性，对于单个动作行为很难给出即时准确的反馈，即奖励函数存在反馈稀疏、延迟和不准确的问题，严重影响强化学习的效率[219]。

2. 探索盲目性

强化学习的"试错"机制虽然可以有效解决作战样本数据缺乏问题，但这种盲目性也带来学习效率低的问题[220]。特别是在复杂大规模作战背景下，决策空间巨大，在训练初始阶段盲目试错机制的效率低问题就更为明显，甚至根本无法得到有效的样本数据。

3. 不稳定性

强化学习是通过自博弈形式得到样本数据，所以其抽样得到的训练样本质量完全取决于自博弈阶段 Agent 水平[221]。Agent 的策略学习是通过在策略空间中不断地探索与利用实现，而复杂策略空间下如果探索有限则会使得 Agent 策略具有片面局限性，即策略的不稳定性，反之，大量的探索又会导致模型难以收敛，即模型训练的不稳定性[223]。

7.1.2　解决思路

采用基于模仿学习的多智能体协同决策，将人类经验知识加入到奖励函数设计、策略初始训练和训练机制等方面，提高智能体学习效率和效果，如图 7.1 所示。

1. 基于知识导向的奖励函数塑形

针对奖励稀疏延时问题，将指挥员的作战经验进行形式化建模，并量化成一些指挥员经验统计量。在设计强化学习奖励函数时，除了基本的作战目标、敌我毁伤等奖励量外，将指挥员经验统计量和强化学习过程样本中蕴藏的知识耦合到奖励函数中，从而引导智能体可以较快地学到一些较为成熟的战法。

2. 基于知识重构的策略初始优化

针对探索盲目性问题，基于典型作战场景和样式，将模仿学习引入强化学习，借鉴传统军事运筹学方法，以状态机、决策树等形式将现有的指挥员经验数据化，形成一些基于先验知识的智能体，并将其作为智能体博弈对抗训练时的一部分对手，从而有效提升智能体对抗训练初始阶段的效率和效果。

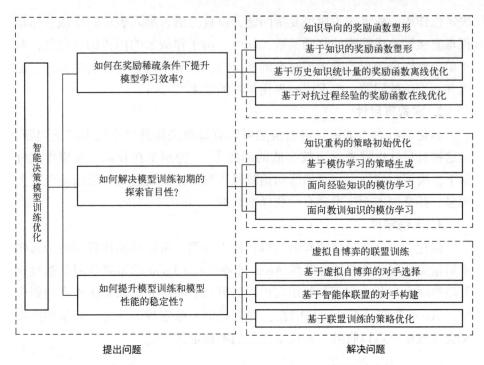

图 7.1 基于知识驱动的智能决策模型训练优化思路

3. 基于虚拟自博弈的联盟训练

针对模型训练不稳定问题，采用构建一个称为策略集的对手池，其由训练过程中产生的所有历史策略组成，然后不断让策略集内部的个体之间相互对抗来进行强化训练，通过提升策略集内所有个体的水平，最终使得所训练策略的水平和稳定性得到有效提升。

7.2 模型优化总体策略

为充分利用人类已有经验知识提升模型训练效率和性能，本书提出了一种基于模仿和虚拟自博弈的模型优化方法（Imitation Learning and Fictitious Self-Play，IL-FSP）。IL-FSP 优化方法主要包括基于知识导向的奖励函数塑形、基于知识重构的策略初始优化和基于虚拟自博弈的联盟训练三部分，分别解决环境奖励稀疏延时、探索盲目性和不稳定性问题，如图 7.2 所示。

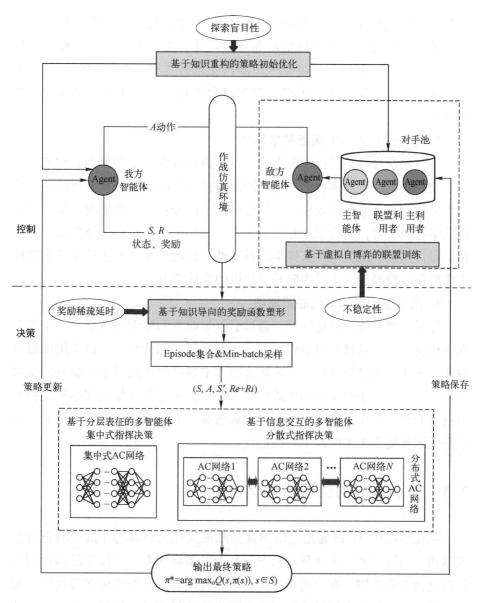

图 7.2　基于知识驱动的智能决策模型训练优化总体策略

1. 基于知识导向的奖励函数塑形

针对奖励稀疏延时问题，在强化学习过程中通过引入奖励函数塑形方法，利用指挥员经验、军事规则等知识引导强化学习和加速学习过程。具体包括两部分：一是利用历史经验知识，主要是将指挥员的作战经验进行形式化建模，并量化成一些指挥员经验统计量，然后基于历史知识统计量对奖励函数进行塑形和离线优化；二是利用训练过程样本知识，主要是利用强化学习过程中不断产生的样本数据，使用监督学习方法从其中挖掘优势状态、策略等对抗过程成功经验，实现奖励函数的在线优化。

2. 基于知识重构的策略初始优化

针对探索盲目性问题，在强化学习初始阶段引入模仿学习，构建一批基于先验知识的智能体作为智能体博弈对抗训练的对手，提升智能体对抗训练初始阶段的效率和效果。具体包括两个部分：一是将生成对抗网络和模仿学习相结合，从有限的专家样本中学习知识，实现面向经验知识的模仿学习；二是为减少对专家样本的盲从性，使用重采样方法从各类失败样本中挖掘失败经验，实现面向教训知识的模仿学习。

3. 基于虚拟自博弈的联盟训练

针对模型训练不稳定问题，通过引入策略集和联盟训练概念，从提升对手构建、对手选择和策略训练三方面开展研究和优化：一是采用虚拟自博弈的方式，通过统计概率尽可能选择水平较高的作战对手来提升模型训练水平；二是采用对手池的形式构建策略集，通过策略集内部不断地相互对抗提升对手水平；三是采用联盟训练机制，通过不同的对手选择和策略更新规则来提升模型的水平与稳定性。

7.3　知识导向的奖励函数塑形

强化学习中 Agent 是通过以累计奖励最大化为目标与作战环境进行交互试错，最终学到一个从环境状态到行为的策略映射，所以奖励函数的设计就显得非常关键。在作战中，由于时间跨度长、参战实体多等原因，很多时候，单个行为在短时间内很难收到作战效果反馈，同时，从个体的即时作战效果一般很难评估判断全局整体作战效果[222]。这种反馈稀疏延时问题会严重影响强化学习的搜索和收敛效率。因此，本节在原有奖励函数基础上，从指挥员历史经验知识和强化学习产生样本知识两个方面，引入先验知识对奖励函数进行重新设计，即奖励函数塑形，通过利用先验知识的高效性和奖励函数的导向作用，来提升模型的学习效率。

7.3.1　奖励函数塑形基本原理

奖励函数塑形基本原理是将经验知识转换成额外的奖励，从而引导探索方向和加速学习过程[224]。经过奖励函数塑形之后，奖励函数一般可以表示为

$$R_s(s,s') = R(s,s') + F(s,s') \tag{7.1}$$

式中：R 为塑形之前的原始奖励函数；F 为塑形函数，原始奖励函数与塑形函数相加得到塑形之后的奖励函数。

塑形函数一般是基于先验知识设计[225]，所以可以认为是专家经验知识的抽象。正确的奖励函数塑形可以有效加速学习效率；反之，如果奖励函数设计不当，会使最优策略发生变化和学习效果变差。为了更好地设计塑形函数，Ng 等[226]提出了一种基于势函数分解的方法，即将状态的势函数之差表示为塑形函数：

$$F(s,s') = \gamma\Phi(s') - \Phi(s) \tag{7.2}$$

式中：Φ 是状态势函数，可以为任意函数[226]。奖励函数塑形研究的关键是如何在有效设计塑形函数的同时保证最优策略不变，除了上述方法外还有很多，如：Wiewiora 等[230]提出的基于动作势函数方法，即 $F(s,a,s',a') = \gamma\Phi(s',a') - \Phi(s,a)$，Devlin 等[231]提出的时间变化势函数方法，即 $F(s,t,s',t+1) = \gamma\Phi(s',t+1) - \Phi(s,t)$。这些方法虽然可以保证最优策略不变，但是本质上与初始化 Q 值表方法已完全不同，而是都需要人为设计一个塑形函数，为此，本书从历史知识和样本知识两个方面设计了两种塑形函数。

7.3.2　基于历史知识统计量的奖励函数离线优化

直接将指挥员的作战经验进行形式化建模，并量化成一些指挥员经验统计量作为智能指挥决策的奖励函数的一部分，可以有效解决奖励稀疏问题[232]。本书以兵棋仿真平台为例，在设计强化学习奖励函数的时候，除了基本的作战目标、敌我毁伤等奖励量之外，将指挥员经验统计量耦合到奖励函数中，从而引导智能体较快学到一些较为成熟的战法，如表 7.1所列。

表 7.1　基于历史知识统计量的奖励函数离线优化示例

奖励类型			用　途	计算方式（示例）
传统奖励	小分（用于衡量单局奖励）	夺控分	鼓励夺控要点	每夺控 1 个要点+50 分
		歼敌分	鼓励歼灭敌人	每歼灭敌方 1 个单元+10 分
		力量分	鼓励保存自己	我方每战损 1 个单元−10 分
	大分（用于衡量统计胜率）	单局胜负	鼓励提高胜率	赢+1，平 0，输−1
历史知识统计量	衡量智能体行为是否与专家经验和行动示例一致	机动路径	模仿人类	编辑距离
		战术动作顺序	模仿人类	编辑距离
		打击目标选择	模仿人类	汉明距离
		武器类型选择	模仿人类	汉明距离

表中上半部分展示的是传统作战过程中常用的作战效果量化指标，其在以兵棋为代表的作战模拟仿真推演中一般以分值进行量化。其中传统分值一般分为小分和大分，分别用于衡量和表示作战过程中实时奖励和训练评估模型的胜率和智能水平。在较大规模的复杂对抗场景中，仅仅依靠这种传统的奖励机制会带来奖励稀疏、难以收敛等问题。表中下半部分为基于历史知识统计量的奖励，主要通过衡量智能体行为和专家行为是否一致来计算奖励，从而达到模仿人类指挥员行为和加速模型收敛。根据统计量类型，一般采用编辑距离[227]、汉明距离[228]等方式来计算和量化智能体行为和专家行为的差距。

7.3.3　基于对抗过程经验的奖励函数在线优化

基于历史知识统计量的奖励函数离线优化是通过利用指挥员经验、军事规则等专家知识直接设计奖励函数，然而，在很多场景下，专家知识获取存在代价较高、效率较低以及认知局限性等问题，使得该方法的适用性受到限制[229]。强化学习算法在使用过程中通过自博弈等方式会不断产生质量逐步优化的样本数据，这种类似人类学习过程的方法为知识获取提供了一种新的途径。

因此，本书利用强化学习的过程样本数据，提出了一种基于对抗过程经验的奖励函数在线优化方法。其基本思路是：利用强化学习对抗过程中试错经历，使用监督学习和奖励函数塑形提升智能体访问相对较优状态的概率，具体实现包括两个步骤：一是基于监督学习的后验概率学习，主要用于从样本中分析各个状态的好坏；二是基于后验概率的奖励函数塑形，主要是基于状态分析的基础上设计奖励函数。

7.3.3.1 后验概率学习

后验概率学习主要是基于强化学习对抗过程中产生的指挥决策样本，通过监督学习获取不同状态（态势）的历史选择概率，从而为后续奖励函数设计中鼓励智能体更频繁地访问那些概率高的状态（有利战场态势）。具体实现过程中，本书将对抗过程中的出现的所有状态向量转换成为特征向量，设计了一种基于完全随机决策树的状态预测算法，如表 7.2 所列。

表 7.2 基于完全随机决策树的状态预测算法

算法 7.2 基于完全随机决策树的状态预测算法
Input：
训练数据：$D = \{(s_1, y_1), \cdots, (s_k, y_k)\}$
当前深度：d
特征向量的维度：q
待评估状态：s
Output：
后验概率：P
1   **for** $t = 1$ **to** T **do**
2   初始化一个节点 N^t
3        $N_c^t = |\{s_i \mid \forall i = 1, 2, \cdots, k : I(y_i = 1)\}| / k$
4   **if** $|D| \leq 1$ or $d \leq 0$ or $N_c^t = 1$ **then**：
5   **return** N^t
6   **end if**
7   产生一个随机 q 维向量 $w \sim N(0,1)$
8   令 θ 等于区间 $(\min_i w^T s_i, \max_i w^T s_i)$ 内的任意值
9   令 $L = \{(s, y) \mid \forall (s, y) \in D : w^T s < \theta\}$
10   令 $R = \{(s, y) \mid \forall (s, y) \in D : w^T s \geq \theta\}$
11   递归调用决策树构造算法 $N.L = \text{CRT}(L, d-1, q)$
12   递归调用决策树构造算法 $N.R = \text{CRT}(R, d-1, q)$
13   **return** N^t
14   **end for**
15   将待评估状态 s 输入 T 棵决策树，输出平均后验概率：$\widetilde{P}(y = 1 \mid s) = \dfrac{1}{T} \sum_{t=1}^{T} N_c^t(s)$

在基于完全随机决策树[238]的状态预测算法中，主要包括两个步骤：一是决策树构造，主要基于强化学习过程中产生的指挥决策样本数据，采用递归的方式生成 T 棵完全随机决策树，用于表征不同状态的好坏；二是基于决策树的状态预测，主要是基于上述步骤产生的决策树对待评估状态进行预测，这里为避免单棵决策树的不稳定性，采用 T 棵完全随机决策树的统计平均进行预测，输出后验概率可以表示为

$$\widetilde{P}(y=1\,|\,s)=\frac{1}{T}\sum_{t=1}^{T} N_c^t(s) \tag{7.3}$$

式中：$N_c^t(s)$ 表示状态 s 对应的第 t 棵树的叶子节点。

7.3.3.2　基于后验概率的奖励塑形

·为提高模型训练效率，首先对于后验概率较高的状态，我们应当鼓励 Agent 尽可能多去访问，然而，过于精确的访问高后验概率状态不仅会影响其对噪声的鲁棒性，还容易产生过拟合，所以为尽可能访问高后验概率以及其邻近状态，本书基于上述的后验概率模型采用了一种基于势函数的奖励函数塑形方法[234]，具体奖励塑形函数为

$$F(s,a,s')=\begin{cases} \Phi(s')-\Phi(s), & a\in A^*(s) \\ 0, & \text{其他} \end{cases} \tag{7.4}$$

式中：a 为动作；$A^*(s)$ 为最优动作集合；Φ 为势函数，且对于所有从状态 s 采取动作 $A^*(s)$ 到达状态 s' 的情况，均满足 $\Phi(s')\geqslant\Phi(s)$。不难看出，该奖励塑形函数由于只在智能体采取最优动作时才不为 0，所以它是对对抗样本经验知识精确反馈，好处是噪声少，但前提是要知道最优动作集合或最优策略。所以本书为解决最优策略估计问题，在势函数的基础上进一步将最优动作区间化，采用近似的方法得到基于最优动作区间的奖励塑形函数：

$$F_s(s,s')=\begin{cases} F_a(s,s'), & F_a(s,s')\geqslant\theta \\ 0, & \text{其他} \end{cases} \tag{7.5}$$

式中：θ 为奖励塑形函数阈值；$F_a(s,s')=\widetilde{P}(y=1\,|\,s')-\widetilde{P}(y=1\,|\,s)$ 为基于状态函数的奖励塑形函数[226]。

7.4　知识重构的策略初始优化

针对强化学习过程中模型训练初期的探索盲目性，在强化学习初始阶

段引入模仿学习，将现有的指挥员经验和强化学习过程样本知识数据化与模型化，形成一些基于先验知识的智能体，并将其作为智能体博弈对抗训练时的一部分对手，从而有效提升智能体对抗训练初始阶段的效率和效果。

7.4.1　基于模仿学习的策略生成

基于模仿学习[235]的策略生成，其本质是利用已有的指挥决策样本数据或专家示例数据，使用监督学习方法快速得到具有一定水平的策略模型。与强化学习产生的样本数据一样，监督学习的样本数据也是指挥决策过程中的状态–动作序列[237]，结合奖励函数来更新网络参数，奖励函数计算方式为

$$c_{\mathrm{IRL}} = \arg \min_{c \in C} E_{\pi}\big[c(s,a)\big] - E_{\pi_E}\big[c(s,a)\big] \tag{7.6}$$

基于上述奖励函数可进一步利用强化学习方法求解最优策略：

$$\pi_{\mathrm{RL}} = \arg \max_{\pi \in \Pi} E_{\pi}\big[c(s,a)\big] \tag{7.7}$$

结合式（7.7）我们得到模仿学习的优化目标为

$$V = \min_{c \in C} \max_{\pi \in \Pi} E_{\pi}\big[c(s,a)\big] - E_{\pi_E}\big[c(s,a)\big] \tag{7.8}$$

由于在目标函数中同时存在最小化最大化问题，故模仿学习可以拆分成逆向强化学习和强化学习两个过程，最终结合得到所需优化目标，如图 7.3 所示。

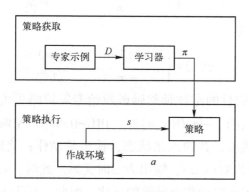

图 7.3　模仿学习的策略获取与执行

与传统的监督学习类似，基于模仿学习的策略生成关键是如何获取带标签的样本数据。为此，本书从经验知识和教训知识两个角度，分别探索

了基于模仿学习的策略生成和初始优化。

7.4.2 面向经验知识的模仿学习

目前，模仿学习的实现方法主要有行为克隆法和逆向强化学习（Imitation Learning via Inverse Reinforcement Learning，IRL-IL）的方法[239]。行为克隆法泛化性较差，需要大量的专家策略示教数据，这对于作战问题显然不太现实；逆强化学习需要不断地迭代强化，在计算效率上不太理性。为此，本书引入生成对抗网络（Generative Adversarial Nets，GANs）[240]，设计了一种基于生成对抗网络的模仿学习方法（Imitation Learning Based on Generative Adversarial Nets，GANs-IL），通过两个神经网络来表示 IRL-IL 中的奖励函数和策略，并使用基于策略梯度的强化学习方法来优化整个网络的参数。由于策略和奖励函数都可用非线性的神经网络进行拟合，所以其可以表征更为复杂的策略，并且直接以策略作为学习目标从专家样本中提取特征，可以解决复杂的大规划决策问题。具体来说，使用 Ho 等[240]提出的 GAIL 奖励函数量化框架，即

$$\max_{\pi} \min_{r} E_{\pi}[r(s,a)] - E_{\pi_E}[r(s,a)] + \psi(r) \tag{7.9}$$

式中：$\psi(r)$ 为奖励函数惩罚项，用于表示传统逆向强化学习中线性奖励函数和凸奖励函数在表征能力上的不足，具体计算方式如下：

$$\psi(r) \triangleq \begin{cases} E_{\pi_E}[g(r(s,a))], & r>0 \\ +\infty, & \text{其他} \end{cases} \tag{7.10}$$

其中 $g(x)$ 可展开为

$$g(x) = \begin{cases} x+\log(1-e^{-x}), & x>0 \\ +\infty, & \text{其他} \end{cases} \tag{7.11}$$

惩罚项 $\psi(r)$ 的目的是鼓励奖励函数给专家策略更大的奖励，而且当奖励函数满足 $r(s,a) = -\log D(s,a)$ 时，IRL-IL 和 GAN 两种方法可有效融合。即策略为生成器，其输入是状态，输出是动作；奖励函数为判别器，其输入为状态-动作对 (s,a)，输出为实时奖励。此时，对生成器和判别器进行训练即可实现策略和奖励函数的优化。因此，基于生成对抗网络的模仿学习算法框架可用图 7.4 表示。

基于生成对抗网络的模仿学习的目标函数 $L(\pi,D)$ 可以表示为

$$\min_{\pi} \max_{D} L(\pi,D) = E_{\pi}[\log D(s,a)] + E_{\pi_E}[\log(1-D(s,a))] \tag{7.12}$$

式中：D 为判别器；(s,a) 为状态-动作对；$D(s,a)$ 为判别器判别该状态-动作对由专家策略产生的概率；π_E 和 π 分别为专家策略和最终需要学习输出的策略。

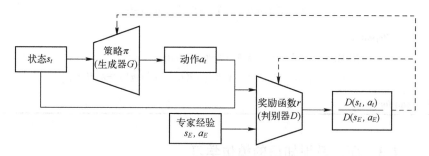

图 7.4　GANs-IL 算法框架示意图

策略与奖励函数的博弈过程主要分为以下 4 个步骤。

（1）判别器训练。以最大化专家策略 π_E 的奖励和最小化策略 π 的奖励为目标，对判别器 D 使用梯度优化方法训练 D。

（2）策略训练。以最大化累计奖励最大为目标，对策略 π 使用策略梯度方法训练。

（3）迭代更新。不断重复步骤（1）和步骤（2），使得奖励函数逼近真实奖励函数，学习策略 π 逼近专家策略 π_E。

（4）纳什均衡。策略和奖励函数的博弈达到纳什均衡，即学习策略 π 能完美拟合策略 π_E，此时，判别概率趋近于 0.5。

算法伪代码如表 7.3 所列。

表 7.3　基于生成对抗网络的模仿学习算法

算法 7.3　基于生成对抗网络的模仿学习算法（GAN-IL）
Input：
专家样本 $T_E = \{\tau_1, \tau_2, \cdots, \tau_n\}$
Output：
策略 π
1　　初始化策略、奖励函数和网络参数 θ、ω，批次大小 B，对抗模块和生成器的自循环次数 M、N
2　　**for**：
3　　　　根据当前策略 π_θ 采样轨迹 $\tau_i \sim \pi_{\theta_i}(c_i)$
4　　　　以同样批次大小 B，获取生成器产生的样本 $X_i \sim \tau_i$ 和专家样本 $X_E \sim T_E$

续表

5	**Repeat**（M 次）:
6	更新判别器的参数:
	$$\Delta_\omega = E_{X_i}\left[\nabla_\omega \log(D_\omega(s,a))\right] + E_{X_E}\left[\nabla_\omega \log(1-D_\omega(s,a))\right]$$
7	**Repeat**（N 次）:
8	利用 TRPO 方法训练和更新策略参数，目标函数为
	$$-E_{X_i}\left[\log(D_{\omega_{i+1}}(s,a))\right] + \lambda_C E_{X_i}\left[\log(C_{\psi_{i+1}}(c\,|\,s,a))\right] - \lambda_H H(\pi_\theta)$$
12	**end for**

7.4.3　面向教训知识的模仿学习

在实际作战过程中，不仅有成功经验的累计，也存在很多失败的教训，这些失败的教训也可以转换为知识来指导策略的学习。同时，智能体本身在强化学习探索过程中也会产生很多失败经历，传统的强化学习中这些失败样本并没有利用起来，也在很大程度上降低了学习效率。为此，本节我们设计了一种面向教训知识的生成对抗模仿学习（Generative Adversarial Imitation Learning with Lesson，GAIL-L），通过充分利用各类失败样本的教训知识来增加策略学习的搜索效率，同时在一定程度上也减轻依赖部分专家经验知识产生的局限性，提高策略的多样性和鲁棒性。GAIL-L 算法框架如图 7.5 所示。

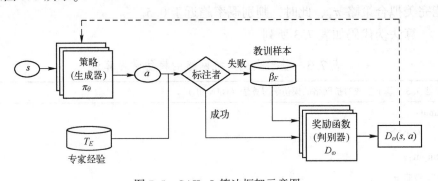

图 7.5　GAIL-L 算法框架示意图

式中：π_θ 和 D_ω 分别为由神经网络表示的策略与奖励函数。标注者将策略生成的状态动作对 (s,a) 与专家示例进行比对，认定为成功的则给予奖励更新，否则将其缓存于教训样本池 β_F 中。然后，从教训样本中采样获取

失败的经验样本对奖励函数进行更新，令 $X = (s, a)$，可得到更新方法为

$$\max_\omega L_F(\beta_F) = E_{X_{\pi_E}}\left[\log(D_\omega(X_{\pi_E}))\right] + E_{X_{\beta_F}}\left[\log(1 - D_\omega(X_{\beta_F}))\right] \quad (7.13)$$

为进一步考虑在专家样本和智能体的教训样本之间平衡问题，本书结合逆向强化学习中专家学习和失败学习的不等式，对目标函数进行约束，并基于拉格朗日对偶性对策略函数和奖励函数进行求导，可得到策略函数和奖励函数的更新规则[241]：

$$\nabla_\theta L(\pi_\theta, D_\omega, \beta_F) = \nabla_\theta E_{(s,a) \sim \pi_\theta}\left[\log(1 - D_\omega(s,a))\right] + \nabla_\theta \lambda_H H(\pi_\theta) \quad (7.14)$$

$$\begin{aligned}\nabla_\omega L(\pi_\theta, D_\omega, \beta_F) = &\nabla_\omega(1 + \lambda_F) E_{(s,a) \sim \pi_E}\left[\log(D_\omega(s,a))\right] \\ &+ \nabla_\omega E_{(s,a) \sim \pi_\theta}\left[1 - \log(D_\omega(s,a))\right] \\ &+ \lambda_F \nabla_\omega E_{(s,a) \sim \beta_F}\left[1 - \log(D_\omega(s,a))\right]\end{aligned} \quad (7.15)$$

式中：λ_F 表示失败经验的比例，即 λ_F 越大时，从教训样本池采样比例越高。

面向教训知识的生成对抗模仿学习具体训练过程主要包括以下 4 个部分。

（1）初始化。它包括初始策略 π_θ、奖励函数 D_ω 的神经网络参数初始化，以及教训样本池的初始化。

（2）失败样本收集。通过标注者对当前的策略生成的状态-动作对进行判别，将失败样本存储于教训样本池。

（3）数据采样。分别从当前策略生成的状态动作对（行为轨迹）、教训样本池和专家样本中采样得到大小为 B、$\lambda_F * B$、$(1 + \lambda_F) * B$ 的样本。

（4）奖励函数训练。使用置信域策略梯度优化（Trust Region Policy Optimization，TPRO）算法[242]对策略进行更新。

具体训练算法如表 7.4 所列。

表 7.4　面向教训知识的生成对抗模仿学习算法

算法 7.4　面向教训知识的生成对抗模仿学习算法
Input： 　专家样本 $T_E = \{\tau_1, \tau_2, \cdots, \tau_n\}$，标注者
Output： 　策略 π
1　初始策略、奖励函数的网络参数 θ、ω，批次大小 B，对抗模块和生成器的自循环次数 M、N，教训样本池 β_F

2	**for**：
3	根据当前策略 π_θ 采样轨迹 $\tau_i \sim \tau_{\theta_i}(c_i)$
4	标注者对轨迹中的状态–动作对样本 (s,a) 进行标注
5	**if** (s,a) 为失败样本：
6	将该样本存储在教训样本池 β_F 中
7	**end if**
8	分别以批次大小 B、$\lambda_F * B$、$(1+\lambda_F) * B$ 获得生成器产生的样本 $X_i \sim \tau_i$，失败样本 $X_F \sim \beta_F$ 和专家样本 $X_E \sim T_E$
9	**Repeat**（M 次）：
10	更新判别器的参数： $$\Delta_\omega(1+\lambda_F)E_{(s,a) \sim \pi_E}\big[\log(D_\omega(s,a))\big] + \nabla_\omega E_{(s,a) \sim \pi_\theta}\big[\log(1-D_\omega(s,a))\big]$$ $$+\lambda_F \nabla_\omega E_{(s,a) \sim \beta_F}\big[\log(1-D_\omega(s,a))\big]$$
11	**Repeat**（N 次）：
12	利用 TRPO 方法训练和更新策略参数，目标函数为 $$\nabla_\theta E_{(s,a) \sim \pi_\theta}\big[\log(1-D_\omega(s,a))\big] + \nabla_\theta \lambda_H H(\pi_\theta)$$
13	**end for**

7.5　虚拟自博弈的联盟训练

针对策略模型训练不稳定问题，构建基于策略集的对手池，采用虚拟自博弈方法，使用联盟训练机制提升整个对手池的策略水平，通过不断提升对手策略水平来有效提升最终输出智能体的水平和稳定性。

7.5.1　基于策略集的对手池构建

在实际作战中，强敌研究对提升我方指挥员指挥决策能力和部队战斗力水平有着非常重要的作用。基于强化学习的指挥决策是通过与环境不断地进行交互试错来学习策略，作战对手的水平在很大程度上也决定了学习模型的水平和效率。因此，本书采用基于策略集的对手池构建方法，通过构建一个包含多个多类型策略模型（简称策略）的对手池，使用基于多智能体强化学习不断提升整个策略集合的水平来构建强大对手，从而提升最终输出策略的水平。策略集具体构成如表 7.5 所列。

表 7.5　基于策略集的对手池

策略类型	功能定位	目　　的
主策略	正在训练的策略及其历史策略	最终输出用于指挥决策的策略
联盟针对者	能打败策略集里的所有策略	用于发现全局盲点
主策略针对者	能打败正在训练的策略	用于发现主策略的弱点

传统的学习训练中只需训练一个策略模型，即最终需要输出和使用的策略。本书中训练的是一个包含有很多策略模型的策略集合，其中集合里的策略分为主策略、联盟针对者、主策略针对者三种。在训练这些策略时，其对手也是从该策略集中挑选，通过策略集中的所有个体之间进行相互对抗和学习，最终使得整个策略集中每一个个体的水平都得到提升。

7.5.2　基于虚拟自博弈的对手选择

基于强化学习的作战样本生成是通过在虚拟环境中进行自博弈产生对抗样本数据，对手的水平在很大程度上决定了学习模型的水平[243]。对手过弱的情况下，智能体胜率总是 100%，会阻碍智能体对未知策略的探索和水平的提升；对手过强的情况下，智能体胜率总是 0，又会影响训练效率[244]。同时，如果对手策略过于单一，训练模型的鲁棒性得不到保证，甚至出现策略循环的问题，最终导致算法难以收敛和模型水平难以提升[245]。因此，如何挑选自博弈对手成为提升模型训练水平和稳定性的关键[246]。

虚拟自博弈（Fictitious Self-Play，FSP）则是在训练过程中每隔一段时间给策略模型存档，得到一个种群，然后均匀地从种群中选出对手与正在训练的模型对战[247-248]。本书在此基础上，引入有优先级的虚拟自博弈（Prioritized Fictitious Self-Play，PFSP），按照胜率确定从对手池中挑选对手的概率，即胜率越高的对手被挑选的概率越高，挑选概率计算公式为

$$p = \frac{f(P[AbeatsB])}{\sum_{C \in \mathbf{C}} f(P[AbeatsC])} \tag{7.16}$$

式中：$f(\cdot)$ 为加权函数，不同类型智能体选取不同的加权函数。根据训练需要又可以分别选择最强对手、和自己旗鼓相当的对手，其加权函数分别为

$$f_{\mathrm{hard}}(x) = (1-x)^p \tag{7.17}$$

$$f_{\mathrm{var}}(x) = x(1-x) \tag{7.18}$$

7.5.3　基于对手池的联盟训练

按照对手池中三种策略类型，采用虚拟自博弈的方式对策略集合中所有策略模型进行联盟训练，具体包括对战对象选取、策略存档规则、策略初始化规则三方面的内容。

1. 主策略

主策略是指正在训练的智能体及其所有祖先，是整个训练的核心目标，任何时刻正在训练的主策略只有 1 个，也是最终用于决策的策略模型。其对战对象包括三部分：以 35% 的概率直接与自己对战；以 50% 的概念从策略集合中所有模型中挑选；以 15% 的概率与能打败该主策略的联盟针对者或者历史主策略对战。具体选取规则如表 7.6 所列。

表 7.6　主智能体对战对象选取规则

对战对象类型	选取概率	选取方式
主策略	35%	直接自博弈对战
策略集中所有策略	50%	① 按照 PFSP 提供的概率分布挑选最强对手 ② 与主策略对战的胜率越高被挑选概率越高
联盟针对者或者 历史主策略	15%	① 按照 PFSP 提供的概率分布挑选最强对手 ② 且与主策略对战的胜率大于 70%

其中 PFSP 加权函数均采用最强对手函数：$f_{hard}(x)=(1-x)^p$，且主策略自训练开始初始化后，不再重设，之后每隔 T 个时间步进行存档。

2. 联盟针对者

联盟针对者的功能定位是能打败策略集里的所有策略及其历史策略，主要用于发现全局盲点和提升策略集的整体水平，任何时刻正在训练的联盟针对者有 2 个。其具体训练规则如表 7.7 所列。

表 7.7　联盟针对者训练规则

规则类型	规则描述
对战对象选取	按照 PFSP 给出的概率与策略集中所有对手进行对战
策略存档	① 与策略集中所有对手对战的胜率超过 70% 就存档当前策略 ② 即距上次存档 T 个时间步之后进行存档
策略初始化	每次存档时以 25% 的概率将场上训练的联盟针对者的策略重设为模仿学习给出的初始化

3. 主策略针对者

主策略针对者的功能定位能打败正在训练的主策略及其历史主策略，主要用于发现当前主策略的弱点和提升当前主策略的水平，任何时刻正在训练的主策略针对者只有 1 个。其具体训练规则如表 7.8 所列。

表 7.8　主策略针对者训练规则

规 则 类 型	规 则 描 述
对战对象选取	① 与当前主策略对战的胜率高于 10% 则选取当前主策略作为对手 ② 否则按照 PFSP 给出的概率从历史主策略中选取对手
策略存档	① 与当前主策略对战的胜率超过 70% 就存档当前策略 ② 即距上次存档 T 个时间步之后进行存档
策略初始化	每次存档之后就重设初始化

其中 PFSP 加权函数均采用和自己旗鼓相当对手函数：$f_{var}(x) = x(1-x)$。

附录 A 集中式指挥决策方法验证

A.1 实验环境与参数设置

A.1.1 实验环境

为验证算法的有效性，本研究实验采用"庙算智胜"的陆战兵棋为实验平台，计算机 CPU 为 Inter Core i9-9820X，内存 128G，硬盘 4TB，显卡 2080Ti ∗ 1，系统为 Ubutun18，程序编写采用 Python 3.7 和 Pytorch 1.5。针对本章研究的多智能体集中式指挥决策方法，本节仿真想定采用平台提供的 MiniGame 多 Agent 对抗场景——中等起伏地遭遇战斗想定Ⅰ，如图 A.1 所示。

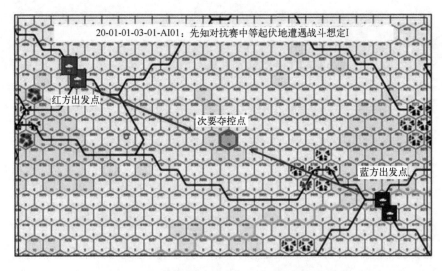

图 A.1 中等起伏地遭遇战斗想定初始态势图

整体仿真框架与思路如图 A.2 所示，即在中等起伏地遭遇战斗中，采

124

用一个 Agent 指挥我方所有兵力进行战斗，其中蓝方采用平台提供的对手智能体基准 AI。

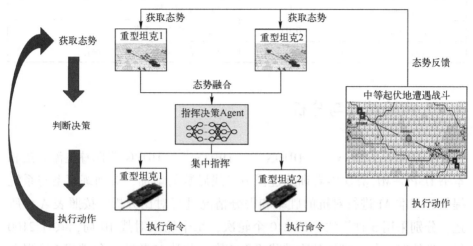

图 A.2 集中式指挥决策方法仿真验证框架

A.1.2 仿真参数设置

仿真平台采用"庙算智胜"陆战兵棋系统，地图是对实际作战地域地图的六角格处理，并对作战行动可能产生影响的要素（高程，地形类型）进行量化，具体抽象规则可见《庙算智胜即时策略人机对抗平台推演规则》[213]。模型训练参数根据模型训练迭代效果不断进行调整和确定，主要超参最终取值如表 A.1 所列。

表 A.1 集中式超参数设置

参 数	取 值	参 数 意 义
buffer_size	3000	经验池大小
batch_size	16	每批次样本数据大小
n_epochs	210	训练轮次
n_episodes	10	每轮对战局数
train_steps	5	每轮训练迭代次数
learning rate	0.0005	学习率
evaluate_episodes	20	每次评估对抗局数
evaluate_cycle	4	评估周期（每 4 个 epoch 评估一次）

续表

参　　数	取　　值	参 数 意 义
epsilon	1	贪婪因子初始值
min_epsilon	0.05	贪婪因子单次衰减值
save_cycle	5	模型保存周期（每迭代5次保存）

A.2　实验结果与分析

实验选取了 DQN[53]、DDQN[60]、DRQN[76]、DDPG[70] 四种主流算法和本书 DSPG-ME 算法随着训练过程中对战局数的增加，对训练模型与系统提供的基准 AI 进行对抗的胜率和得分情况进行对比分析。按照表 A.1 所述，分别采用 5 种算法训练 210 个轮次，每个轮次对战 10 局，共计 2100 局。训练时，每个训练轮次迭代更新 5 次，共计 1050 次，每迭代 5 次保存神经网络参数模型 1 次。模型评估时每 4 个轮次对模型进行评估 1 次，评估使用最新模型跟基准 AI 对抗 20 局，计算平均得分和胜率来评估模型水平。

5 种算法的训练模型在评估时的得分对比情况如图 A.3 所示。随着对战局数增加，5 种算法的得分均能得到逐步提升，表现出了一定的学习能力。在训练结束时，5 种算法的得分表现出较大差异，其中基础的 DQN 算法的得分最终停留在 0 分附近及以下，基本上很难打败基准 AI；DDQN 算法由于采用双 Q 学习在一定程度上可以解决值函数过优估计问题，与 DQN 相比有一定的提升；DRQN 由于引入了深度循环网络，一定程度上可以解决不完全信息条件下的预测问题，所以表现出了较好的效果，特别是训练初始阶段得分提升最快，在 1000 局左右即可取得正值，成为最快能打败基准 AI 的算法；相比于值函数方法，DDPG 算法采用 AC 框架，综合了值函数方法和策略梯度方法的优点，前期虽然表现一般，但在后期表现出了比 DQN、DDQN 和 DRQN 更好的效果；本书 DSPG-ME 算法基于分层表征的集中式指挥决策方法通过对态势分层感知和动作分层决策输出能够明显提升算法的性能与收敛速度，采用基于最大熵随机策略梯度的 AC 方法，相比于 DDPG 的确定性策略具有更强的鲁棒性，在整个训练过程中表现出了更高的稳定性。

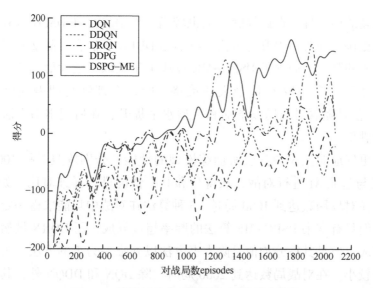

图 A.3　训练过程中对战局数–平均得分曲线

图 A.4 展示了随对战局数增加五种算法所训练模型与基准 AI 对战的胜率情况。

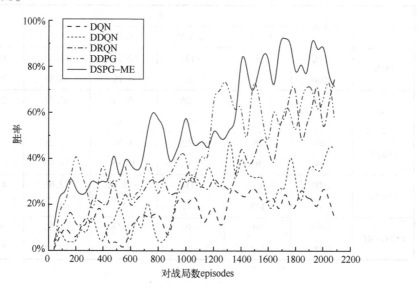

图 A.4　训练过程中对战局数–胜率曲线

从图中不难看出，胜率表现情况与得分大体相似，本书 DSPG-ME 算法在训练结束时的胜率最高。其中相比于 DQN 和 DDQN，DRQN 算法表现除了更高的稳定性，在最终胜率上也较高，而 DDPG 和 DSPG-ME 算法则收敛得更快，即胜率提升得最快。特别是 DDPG 算法在对战 200 局后即可取得四成的胜率，而本书 DSPG-ME 算法由于采取了最大熵随机策略，每次执行并不一定采取 Q 值最大的策略，所以在训练初期表现反而不如 DDPG，但是随着对战局数增加和模型水平提升，在后期本书方法获得了更高的胜率。

为更好地对比 5 种算法所训练模型的性能，分别按照对战 1000 局和 2000 局与基准 AI 进行对战，从得分和胜率情况进行详细对比，如表 A.2 所列。在对战局数达到 1000 局时，5 种算法在对战中均能取得一定的胜利场次，但只有本书 DSPG-ME 算法的胜率超过五成，而 DQRN 虽然胜率没达到五成，但是其得分均值是除本书方法以外唯一为正的方法，表明其每局输分较小。在对战局数达到 2000 局时，除 DQN 和 DDQN 外，其余三种算法的胜率均超过了 60%。其中 DDPG 算法在得分上相比于本书方法具有更大的方差，即策略的鲁棒性水平低于本书方法。

表 A.2　执行过程中的得分、胜率比较

算法	对战局数	得分				胜率
		最大值	最小值	均值	方差	
DQN	1000	3	−144	−28.67	83.03	18.79%
	2000	9	−81	3.76	38.86	29.89%
DDQN	1000	7	−105	−51.81	57.39	28.19%
	2000	21	−69	5.32	46.30	46.83%
DRQN	1000	18	−90	8.30	51.28	34.05%
	2000	70	−36	18.95	36.93	66.03%
DDPG	1000	69	−114	−12.68	73.03	43.10%
	2000	145	−45	19.5	63.91	71.47%
DSPG-ME	1000	89	−70	31.36	61.23	52.9%
	2000	133	−24	94.23	34.82	73.43%

附录 B 分散式指挥决策方法验证

B.1 实验环境与参数设置

B.1.1 实验环境

为验证算法的有效性，本研究实验采用"庙算智胜"的陆战兵棋为实验平台，计算机 CPU 为 Inter Core i9-9820X，内存 128G，硬盘 4TB，显卡 2080Ti＊4，系统为 Ubutun18，程序编写采用 Python 3.7 和 Pytorch 1.5。针对本章研究的多智能体集中式指挥决策方法，仿真想定采用平台提供的 Mini-Game 多 Agent 对抗场景——山地通道夺控战斗想定。初始态势如图 B.1 所示。

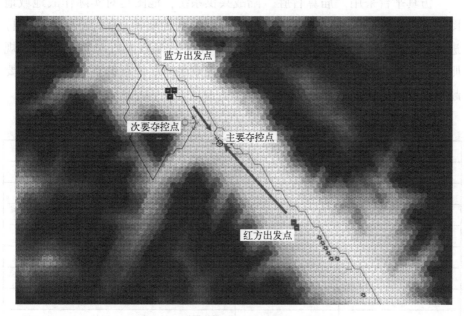

图 B.1 山地通道夺控战斗想定初始态势图

整体仿真框架与思路如图 B. 2 所示，即在山地通道夺控战斗中，每个兵力算子均采用一个独立的 Agent 进行指挥战斗，其中蓝方采用兵棋平台中提供的智能体基准 AI。

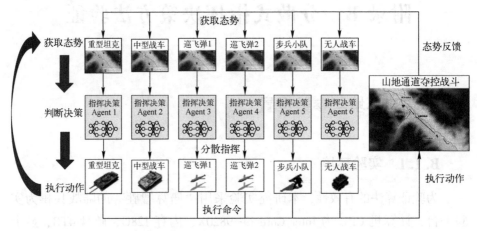

图 B. 2　分散式指挥决策方法仿真验证框架

B. 1. 2　参数设置

仿真平台采用"庙算智胜"陆战兵棋系统，地图是对实际作战地域地图的六角格处理，并对作战行动可能产生影响的要素（高程，地形类型）进行量化，具体抽象规则可见《庙算智胜即时策略人机对抗平台推演规则》[213]。模型训练参数根据模型训练迭代效果不断进行调整和确定，主要超参最终取值如表 B. 1 所列。

表 B. 1　分散式超参数设置

参　　数	取　　值	参 数 意 义
buffer_size	8000	经验池大小
batch_size	64	每批次样本数据大小
n_epochs	630	训练轮次
n_episodes	10	每轮对战局数
train_steps	8	每轮训练迭代次数
learning rate	0.0003	学习率
evaluate_episodes	20	每次评估对抗局数
evaluate_cycle	10	评估周期（每4个epoch评估一次）

参　　数	取　　值	参 数 意 义
epsilon	1	贪婪因子初始值
min_ epsilon	0.01	贪婪因子单次衰减值
save_cycle	8	模型保存周期（每迭代 5 次保存）

B. 2　实验结果与分析

实验选取了 VDN[122]、QMIX[123]、QTRAN[124]、COMA[130] 4 种主流算法和本书 MAAC-GA 算法随着训练过程中对战局数的增加，对训练模型与系统提供的基准 AI 进行对抗的胜率和得分情况进行对比分析。按照表 B. 1 所述，分别采用 5 种算法训练 630 个轮次，每个轮次对战 10 局，共计 6300 局。神经网络训练时，从经验池中采样对神经网络进行训练，每个训练轮次迭代更新 8 次，共计 5040 次，每迭代 5 次保存神经网络参数模型 1 次。模型评估时每 8 个轮次对模型进行评估 1 次，评估使用最新模型跟基准 AI 对抗 20 局，计算平均得分和胜率来评估模型水平。

随对战局数增加，5 种算法所训练模型在评估时的得分对比情况如图 B. 3 所示。从图中所示的训练效果可以看出，随着对战局数的增加，除了 VDN 以外，4 种算法的得分均能从刚开始完败情况得到逐步提升，表现出了一定的学习能力，本书 MAAC-GA 算法则在训练结束时表现出最高的得分。

其中 VDN 算法在训练前期没有任何效果，直至训练结束时得分才有稍许提升，但自始至终都停留在 0 分以下，无法打败基准 AI；QMIX 和 QTRAN 算法通过对值函数进行加权求和表示个体行动目标与全局作战任务的融合，在训练结束时均取得了为正的均值得分；COMA 算法利用反事实基线解决多智能体信度分配问题，在训练后期取得了比 QMIX、QTRAN 更高的得分；相比于前面 4 种算法，本书 MAAC-GA 算法采用多注意力机制在多智能体间的信息交互上效率更高，而采用面向贡献度的价值函数分解相比于 QMIX 和 QTRAN 更能体现不同智能体间的区别，在最终的得分和稳定性方面都优于其他 4 种算法。

图 B.4 展示了随对战局数增加 5 种算法所训练模型与基准 AI 对战的胜

率情况。从图中不难看出，胜率表现情况与得分大体相似，本书 MAAC-GA 算法在训练结束时的胜率最高。其中 VDN 算法表现最差，最终胜率维持在 30% 左右。QMIX 和 QTRAN 算法虽然在理论上利用了权值函数，但 QTRAN 约束过于松散，其最终性能只是略优于 VDN，反而较早提出的 QMIX 在训练过程中取得了稳定的提升，并最终超过 60% 的胜率。COMA 算法在后期虽然胜率超过了 QMIX，但在整个过程表现出的波动也最大。本书 MAAC-GA 算法除了在训练初期胜率低于 COMA 之外，在整个训练过程中基本保持了最高的胜率和较好的稳定性。

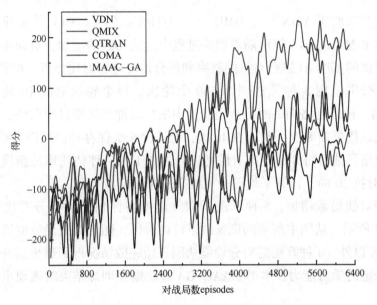

图 B.3　训练过程中对战局数-平均得分曲线

　　为更好地对比 5 种算法所训练模型的性能，分别按照对战 3000 局和 6000 局与基准 AI 进行对战，从得分和胜率情况进行详细对比，如表 B.2 所列。在对战局数达到 3000 局时，除 VDN 之外，其余 4 种算法在对战中均能取得一定的胜利场次，而 QMIX 和 QTRAN 虽然胜率未超过 50%，但在得分分布上相对更加集中。在对战局数达到 6000 局时，VDN 和 QTRAN 算法胜率仍在 5 成以下，QMIX 算法最终胜率虽然达到近 7 成，但其得分均值仍为负数，表明其输场分值较大；COMA 和本书算法的最终胜率均超过了 60%，COMA 算法的得分最大值最高，但其整体稳定性不如本书算法。

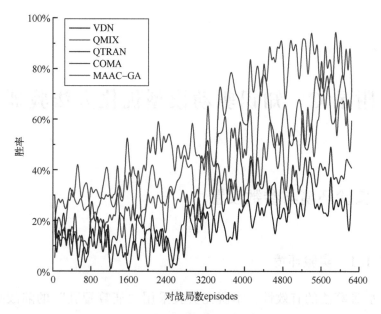

图 B.4　训练过程中对战局数-胜率曲线

表 B.2　执行过程中的得分、胜率比较

算法	对战局数	得分				胜率
		最大值	最小值	均值	方差	
VDN	3000	−24	−291	−144.73	73.80	17.82%
	6000	2	−139	−47.82	48.34	23.22%
QMIX	3000	88	−179	−85	58.53	36.67%
	6000	168	−191	−1.96	43.02	69.4%
QTRAN	3000	130	−180	−58.11	52.99	31.05%
	6000	164	90	47.59	39.78	45.93%
COMA	3000	84	−120	−24.24	91.20	40.57%
	6000	204	−102	78.71	67.70	69.28%
MAAC−GA	3000	104	−80	−7.03	64.29	40.47%
	6000	190	−64	178.21	36.88	81.16%

附录 C 知识驱动模型优化方法验证

C.1 实验环境与参数设置

C.1.1 实验环境

为验证算法的有效性，本研究实验采用"庙算智胜"的陆战兵棋为实验平台，计算机 CPU 为 Inter Core i9-9820X，内存 128G，硬盘 4TB，显卡 2080Ti∗1，系统为 Ubutun18，程序编写采用 Python 3.7 和 Pytorch 1.5。针对本章研究的多智能体集中式指挥决策方法，仿真想定采用平台提供的 MiniGame 多 Agent 对抗场景——山地通道夺控战斗想定。整体仿真框架与思路如图 C.1 所示，即在山地通道夺控战斗中，每个兵力算子均采用一个独立的 Agent 进行指挥战斗，其中蓝方采用平台提供的智能体基准 AI。

C.1.2 参数设置

仿真平台采用"庙算智胜"陆战兵棋系统，地图是对实际作战地域地图的六角格处理，并对作战行动可能产生影响的要素（高程，地形类型）进行量化，具体抽象规则可见《庙算智胜即时策略人机对抗平台推演规则》[213]。为便于对比分析，主要超参取值与附录 B 一致，具体见表 B.1。

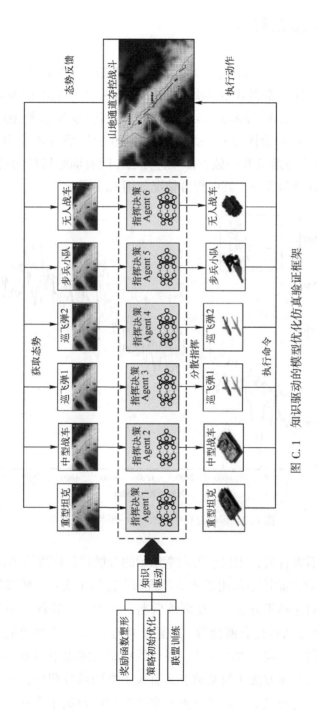

图 C.1 知识驱动的模型优化仿真验证框架

C.2　实验结果与分析

为验证本章模型训练优化效果，对 4 种方法进行了性能对比，具体分别为方法 1，本书第 6 章分散式指挥决策方法 MAAC-GA；方法 2，MAAC-GA+策略初始优化；方法 3，MAAC-GA+策略初始优化+奖励函数塑形；方法 4，MAAC-GA+策略初始优化+奖励函数塑形+联盟训练（即本章 IL-FSP 算法）。对比方法与附录 B 一致，即 4 种方法在随着训练局数的增加情况下，比较模型的得分和胜率。其中得分情况如图 C.2 所示。

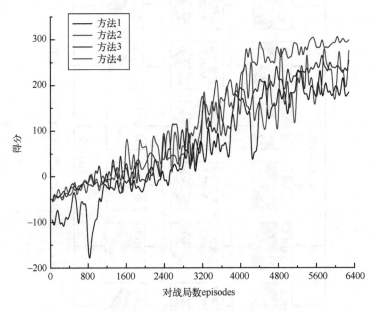

图 C.2　训练过程中对战局数-平均得分曲线

从图中不难看出，相比于第六章原始的分散式指挥决策方法，方法 2、3、4 由于都对初始策略采用指挥员经验知识进行了优化，所以训练初始阶段其得分均明显高于方法 1。在训练后期，由于对战局数增加和模型水平的提升，4 种方法得分有所接近。方法 2 由于只采用了初始策略优化，除了在训练初期得分高于方法 1 外，在训练后期整体水平与方法 1 大体上趋于一致。方法 3 在方法 2 的基础上又引入了奖励函数塑形，可以有效引导学习方向，在得分稳定性和最终得分水平上均明显高于方法 1、2。方法 4

则在方法 3 基础上使用了联盟训练机制，在策略空间的探索和模型的鲁棒性水平上又有了明显的提升。

图 C.3 展示了随对战局数增加 4 种算法所训练模型与基准 AI 对战的胜率情况，其基本情况与得分大体相似。方法 2 虽然使用了初始策略优化，但这种固化模式的规则知识抽象与直接策略优化会降低模型的鲁棒性，所以在整个训练过程中其胜率表现了较大的波动性。方法 3 在方法 2 的基础上加入奖励函数塑形，通过导向的机制来引导学习，通过间接的策略优化有效提升了模型的稳定性。方法 4 则通过联盟训练进一步提升了模型的胜率。

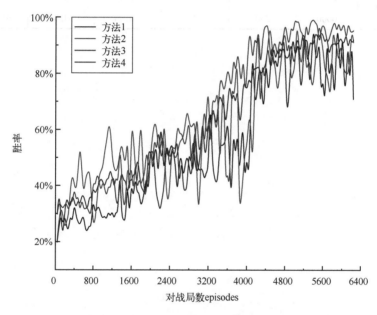

图 C.3 训练过程中胜率-对战局数曲线

分别按照对战 3000 局和 6000 局与基准 AI 进行对战，从得分和胜率情况进行详细对比，如表 C.1 所列。在对战局数达到 3000 局时，相比于方法 1，使用基于指挥员经验知识初始策略优化的方法 2、3、4 在胜率上并没有明显提高，特别是方法 2 反而在胜率上还低于方法 1，但在得分方差有明显的降低。在对战局数达到 6000 局时，本章基于知识驱动的模型训练优化方法在胜率、最大分和稳定性上均取得明显提升。

表 C.1 执行过程中的得分、胜率比较

算法	对战局数	得分				胜率
		最大值	最小值	均值	方差	
方法 1	3000	104	−80	−7.03	64.29	40.47%
	6000	190	−64	178.21	36.88	81.16%
方法 2	3000	130	−78	5.11	51.28	39.05%
	6000	264	−90	167.59	36.03	85.93%
方法 3	3000	84	−120	−24.24	53.03	43.57%
	6000	242	−12	218.71	33.91	88.28%
方法 4	3000	104	−80	−7.03	50.09	45.47%
	6000	290	−14	251.21	34.82	91.16%

附录 D "知识+学习+分层" 指挥决策方法验证

第 5 章和第 6 章分别从集中式、分散式两种指挥决策方式出发，研究了基于多智能体强化学习的智能指挥决策算法，第 7 章则是从如何利用指挥员经验知识对智能决策模型进行优化展开了研究，并且都基于小规模战斗场景对算法的有效性进行了仿真验证。对于更大规模的作战指挥决策问题，由于作战实体众多、决策空间高维，单纯的集中式指挥决策方法难以解决高维空间下策略搜索效率问题，而单纯的分散式指挥决策方法在解决大规模异构实体的任务分配与策略协同方面存在较大瓶颈。为此，本书借鉴我军实际作战指挥层级架构，研究集中式与分散式指挥相结合的多智能体分层决策方法，并以合成营规模的战斗仿真想定为背景，在战术兵棋系统上对决策算法进行了仿真验证。

D.1 实验设计

D.1.1 合成营山岳丛林遭遇战斗仿真想定描述

1. 作战条件

战斗样式：遭遇战，红蓝双方起始位置位于南北两侧，红方的任务是对蓝方纵深实施迂回穿插，对相关要点进行夺控部署。蓝方的任务是在拦截红方行动的同时对相关要点进行守控[249]。

对抗兵力：红蓝双方各 1 个合成营兵力，每个合成营包括 4 个连级规模的小队，红方突击小队由重型坦克、中型战车、巡飞弹、步兵小队和无人战车组成，蓝方先遣小队由重型坦克、重型战车、步兵小队组成。其中红蓝双方均有上级炮兵、陆军航空兵和无人机的支援。双方具体算子数量和每个算子的兵力组成如表 D.1 和表 D.2 所列。

表 D.1　合成营级山岳丛林遭遇战斗想定红方兵力部署信息

合 成 营	棋 子	车 (班) 数	分 值	初 始 位 置
突击队 1	重型坦克	4	40	1832
	中型战车	4	28	1732
	巡飞弹	4	0	1732
	巡飞弹	4	0	1732
	步兵小队	4	16	1732
	无人战车	4	20	1732
突击队 2	重型坦克	4	40	2139
	中型战车	4	28	2039
	巡飞弹	4	0	2039
	巡飞弹	4	0	2039
	步兵小队	4	16	2039
	无人战车	4	20	2039
突击队 3	重型坦克	4	40	2349
	中型战车	4	28	2348
	巡飞弹	4	0	2348
	巡飞弹	4	0	2348
	步兵小队	4	16	2348
	无人战车	4	20	2348
突击队 4	重型坦克	4	40	1953
	中型战车	4	28	1853
	巡飞弹	4	0	1853
	巡飞弹	4	0	1853
	步兵小队	4	16	1853
	无人战车	4	20	1853
直升机	武装直升机	1	10	0838
	武装直升机	1	10	1137
无人机	无人侦察机	1	1	1138
	无人侦察机	1	1	0839

合 成 营	棋 子	车(班)数	分 值	初始位置
炮兵群	炮兵	3	0	0937
	炮兵	3	0	0938
	炮兵	3	0	0939
	炮兵	3	0	1037
	炮兵	3	0	1038
	炮兵	3	0	1039

表 D.2　合成营级山岳丛林遭遇战斗想定蓝方兵力部署信息

合 成 营	棋 子	车(班)数	分 值	初始位置
先遣队1	重型坦克	3	30	6338
	重型坦克	3	30	6338
	重型战车	3	24	6337
	步兵小队	3	12	6337
	重型战车	3	24	6438
	步兵小队	3	12	6438
先遣队2	重型坦克	3	30	6446
	重型坦克	3	30	6446
	重型战车	3	24	6546
	步兵小队	3	12	6546
	重型战车	3	24	6647
	步兵小队	3	12	6647
先遣队3	重型坦克	3	30	5451
	重型坦克	3	30	5451
	重型战车	3	24	5551
	步兵小队	3	12	5551
	重型战车	3	24	5652
	步兵小队	3	12	5652
先遣队4	重型坦克	3	30	5455
	重型坦克	3	30	5455
	重型战车	3	24	5555
	步兵小队	3	12	5555
	重型战车	3	24	5656
	步兵小队	3	12	5656

合 成 营	棋 子	车（班）数	分 值	初始位置
直升机	武装直升机	1	10	7337
	武装直升机	1	10	7637
无人机	无人侦察机	1	1	7338
	无人侦察机	1	1	7638
炮兵群	炮兵	3	0	7437
	炮兵	3	0	7438
	炮兵	3	0	7439
	炮兵	3	0	7536
	炮兵	3	0	7537
	炮兵	3	0	7538

2. 任务描述

红方根据上级命令，红方合成战斗群奉命对敌纵深实施迂回穿插，要求在 48 分钟（作战时间）以内，占领纵深有利地形对 7 个夺控点进行夺控和占守，为后续进攻部队快速开进打开通道。蓝方集结兵力实施进攻战斗，抢占要点，拦截红方合成战斗群迂回穿插行动，改善总体态势。7 个夺控点的位置和分值信息如表 D.3 所列。

表 D.3　合成营级山岳丛林遭遇战斗想定夺控点信息

序 号	夺控点	分 值	位 置
1	主要夺控点 1	80	3939
2	主要夺控点 2	80	3947
3	主要夺控点 3	80	4246
4	次要夺控点 1	50	3837
5	次要夺控点 2	50	3747
6	次要夺控点 3	50	3640
7	次要夺控点 4	50	4560
	合计	440	—

3. 红蓝双方初始态势与部署

红蓝双方初始态势与部署情况如表 D.1～表 D.3 所列和图 D.1 所示。

142

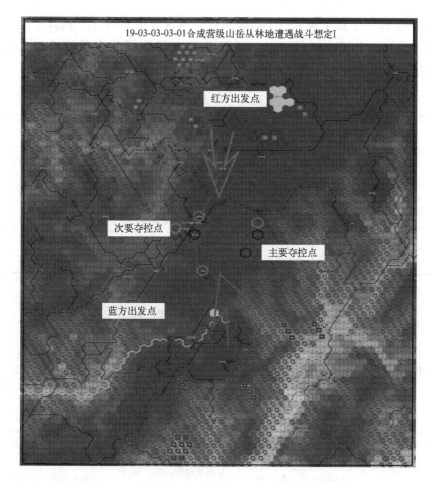

图 D.1 合成营级山岳丛林遭遇战斗想定初始态势图

如图 D.1 所示，红蓝双方兵力分别部署在夺控点的正北和正南方向。其中在作战初始阶段，红方巡飞弹和步兵小队均在己方中型战车上，蓝方两支步兵小队分别在己方两辆重型战车上，其在进行其他作战行动时均需先进行下车和车载发射。双方的炮兵、直升机、无人机等支援力量部署在各自后方区域。

D.1.2 仿真环境介绍

实验计算机 CPU 为 Inter Core i9-9820X，内存 128G，硬盘 4TB，显卡 2080Ti * 4，系统为 Ubutun18，程序编写采用 Python 3.7 和 Pytorch 1.5，仿真环境采用 "庙算智胜" 的陆战兵棋系统，该兵棋系统主要涉及一系列陆战算子，每一个算子表示一个排级单位，包含若干个班（车辆算子排单位为车），如一个坦克算子可包含 3 辆坦克。各算子的主要特性如表 D.4 所列。

表 D.4　红蓝双方兵力算子作战性能表

重型坦克	装甲防护：复合装甲 行进间射击能力：有 车载导弹：有 武器冷却时间：75 秒 侦察能力：10/25/1	机动停止转换时间：75 秒 开阔地越野速度：36 千米/小时 乡村路行军速度：40 千米/小时 一般公路行军速度：60 千米/小时 等级公路行军速度：90 千米/小时	武器： 中号直瞄炮（15 格） 车载轻武器（10 格） 炮射导弹（20 格）×3 枚
中型战车	装甲防护：中型装甲 行进间射击能力：无 车载导弹：有 武器冷却时间：75 秒 侦察能力：10/25/1	机动停止转换时间：75 秒 开阔地越野速度：36 千米/小时 乡村路行军速度：40 千米/小时 一般公路行军速度：60 千米/小时 等级公路行军速度：90 千米/小时	武器： 车载轻武器（10 格） 速射炮（10 格） 重型导弹（20 格）×6 枚 巡飞弹
无人战车	装甲防护：无装甲 行进间射击能力：无 车载导弹：无 武器冷却时间：75 秒 侦察能力：10/25/0	机动停止转换时间：75 秒 开阔地越野速度：36 千米/小时 乡村路行军速度：40 千米/小时 一般公路行军速度：60 千米/小时 等级公路行军速度：90 千米/小时	武器： 车载轻武器（10 格） 速射炮（10 格） 中型导弹（10 格）×2 枚
步兵小队	装甲防护：无装甲 行进间射击能力：无 便携导弹：有 武器冷却时间：75 秒 侦察能力：10/25/1	机动停止转换时间：75 秒 上、下车时间：75 秒 机动速度：5 千米/小时	武器： 步兵轻武器（3 格） 火箭筒（4 格） 便携导弹（10 格）×4 枚

图示			
巡飞弹	装甲防护：无装甲 机动中射击能力：有 反坦克导弹：无 武器冷却时间：75 秒 侦察能力：2/2/0	机动速度：100 千米/小时 机动高度：200 米	武器： 巡飞导弹（2 格）×1 枚
无人机	装甲防护：无装甲 机动中射击能力：有 反坦克导弹：无 武器冷却时间：75 秒 侦察能力：2/2/0	机动速度：100 千米/小时 机动高度：200 米	武器：
炮兵	装甲防护：中型装甲 行进间射击能力：无 车载导弹：无 计划裁决时间：150 秒 侦察能力：10/25/1	机动停止转换时间：75 秒 开阔地越野速度：36 千米/小时 乡村路行军速度：40 千米/小时 一般公路行军速度：60 千米/小时 等级公路行军速度：90 千米/小时	武器： 重型炮（70 格）
重型坦克	装甲防护：复合装甲 行进间射击能力：有 车载导弹：无 武器冷却时间：75 秒 侦察能力：10/25/1	机动停止转换时间：75 秒 开阔地越野速度：36 千米/小时 乡村路行军速度：40 千米/小时 一般公路行军速度：60 千米/小时 等级公路行军速度：90 千米/小时	武器： 大号直瞄炮（18 格） 车载轻武器（10 格）
重型战车	装甲防护：重型装甲 行进间射击能力：无 车载导弹：有 武器冷却时间：75 秒 侦察能力：10/25/1	机动停止转换时间：75 秒 开阔地越野速度：36 千米/小时 乡村路行军速度：40 千米/小时 一般公路行军速度：60 千米/小时 等级公路行军速度：90 千米/小时	武器： 车载轻武器（10 格） 小号直瞄炮（13 格） 速射炮（10 格） 车载导弹（20 格）×4 枚

步兵小队	装甲防护：无装甲 行进间射击能力：无 便携携弹：有 武器冷却时间：75秒 侦察能力：10/25/1	机动停止转换时间：75秒 上、下车时间：75秒 机动速度：5千米/小时	武器： 步兵轻武器（3格） 火箭筒（4格） 便携导弹（10格）×4枚
武装直升机	装甲防护：中型装甲 机动中射击能力：无 反坦克导弹：有 武器冷却时间：75秒 侦察能力：10/25/1	机动速度：210千米/小时 机动高度：200米	武器： 速射炮（10格） 重型导弹（20格）×6枚
无人机	装甲防护：无装甲 机动中射击能力：有 反坦克导弹：无 武器冷却时间：75秒 侦察能力：2/2/0	机动速度：100千米/小时 机动高度：200米	武器：
炮兵	装甲防护：中型装甲 行进间射击能力：无 车载导弹：无 计划裁决时间：150秒 侦察能力：10/25/1	机动停止转换时间：75秒 开阔地越野速度：36千米/小时 乡村路行军速度：40千米/小时 一般公路行军速度：60千米/小时 等级公路行军速度：90千米/小时	武器： 重型炮（70格）

对该陆战分队协同决策问题建模如下。

1. 观测空间

在该类想定下，算子的观测信息主要包括算子状态（敌情、我情）、地图信息（战场环境）、时间信息、夺控点信息、当前战况（分数）以及上一时间步的裁决信息。其中最主要部分为敌我算子状态信息。由于通视规则和观察距离的限制，任一算子只能观察到自身周边一定范围内敌方单位。观察到的敌我态势主要为敌我双方的算子状态，主要包括位置、血量、机动状态等[250]。由于战争迷雾的存在，观察到的敌方算子信息也并不完全可见, 详细内容如表 D.5 所列, 其中文字加粗部分为在我方视角下的敌方算子信息不可见部分。

表 D.5 算子属性表

属性字段	属性名称	属性字段	属性名称
obj_id	算子 id	cur_hex	当前位置
color	算子阵营	speed	当前速度
type	算子类型	**Move_path**	**计划机动路径**
sub_type	细分类型	blood	当前血量
basic_speed	基础速度	max_blood	最大血量
armor	装甲类型	**passenger_ids**	**乘员信息**
A1	行进射击能力	**Launch_ids**	发射单元列表
carry_weapon_ids	携带武器 id	**get_on_remain_time**	**上车剩余时间**
remain_bullet_nums	**剩余弹药数**	**get_off_remain_time**	**下车剩余时间**
guide_ability	是否有引导射击能力	change_state_remain_ time	切换状态剩余时间
value	分值	weapon_cool_time	武器剩余冷却时间
observe_distance	观察距离	**weapon_unfold_time**	**武器剩余展开时间**
move_state	机动状态	**see_enemy_bop_ids**	**观察敌方算子列表**

2. 动作空间

根据该兵棋平台的设定[251], 算子能执行的动作主要包括以下几种。

① 机动。选择目标点, 按照既定的机动状态 (正常机动、行军、冲锋等) 进行移动。

② 射击。选取打击目标和打击武器进行射击。

③ 上下车。乘员算子 (步兵、无人机和巡飞弹) 的上下车操作。

④ 夺控。对夺控点进行夺控 (仅地面算子)。

⑤ 转换状态。转换机动状态 (车辆机动状态包括正常机动和行军, 步兵机动状态包括正常机动、一级冲锋和二级冲锋)。

⑥ 移除压制。被压制的单位不能进行射击等行为, 可损失部分兵力移除压制状态。

⑦ 间瞄。特指火炮的间瞄射击。

⑧ 引导射击。步兵、无人站车、无人机实施的重型导弹引导射击。

⑨ 停止。算子停止机动。

3. 奖励（得分）

奖励来源于击毁单位和夺控，当我方击毁敌方单位时增加相应分值；反之，当我方单位被敌方摧毁时减少相应分值，夺占相关夺控点增加相应夺控分。各算子和夺控点具体分值如表 D.1~D.3 所列。

D.1.3 实验方案

实验测试中的对手方采用"先知-兵圣"竞赛组委会提供的基准 AI。基于本书算法的智能体与作为对手的智能体将交换红蓝方，取两次对抗的净胜分作为一局比赛的总得分。为便于对比分析，采用 4 种方法从方法性能、模型稳定性和学习训练效率 3 个方面进行实验对比分析，具体如表 D.6 所列。

表 D.6　实验对比方案

方　法	实现框架选取	对　比　内　容
集中式	第 5 章	
分散式	第 6 章	① 性能对比：胜率、得分
分层混合	第 5 章+第 6 章	② 模型稳定性：得分统计分布
分层+知识	第 5 章+第 6 章+第 7 章	③ 学习训练效率：迭代次数

D.2　智能决策框架与模型实现

D.2.1　战术级智能决策仿真验证框架

综合考虑决策空间维度与神经网络训练复杂度，按照集中式指挥与分散式指挥相结合的方式，建立如图 D.2 所示的多 Agent 分层混合决策框架。其中营级 Agent 负责指挥下属 7 个连级 Agent，主要进行所有连级 Agent 的作战任务分配、进攻方向以及任务协作等方面的决策；7 个连级 Agent 根据营级 Agent 下达的命令，分别指挥所属分队算子的行动以及负责与其他分队之间的协同；34 个作战单元 Agent 主要负责各兵力算子的具体作战行动及行动参数的决策。

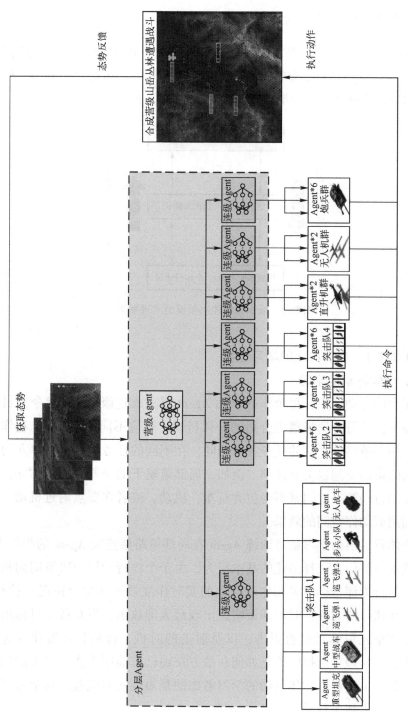

图 D.2 基于多 Agent 的分层混合决策框架

D.2.2 战术级智能决策模型实现

按照图 D.2 所示的多 Agent 分层决策框架，将 42 个 Agent 按照营级 Agent、连级 Agent 和作战单元 Agent 3 种类型，建立涵盖全局策略、局部策略和个体行动 3 层的分层决策架构，如图 D.3 所示。

图 D.3　战术级智能决策模型实现框架

D.2.2.1 自底向上的学习过程

1. 个体行动的学习

在个体行动层中，每个作战单元 Agent 以完成连级 Agent 指令为目标的前提下，尽可能选择最为合适的个体行动。对应不同连级 Agent 和作战阶段，局部策略层下达的任务各不相同，在不同的任务下，作战单元的个体行动的策略空间也会有区别。例如，局部策略下的是要点局部防守，作战单元的行动策略空间就不会包含行军、机动，或者在要点附近机动，从而达到消减动作空间的效果。

个体行动层的学习就是训练 Agent 在局部策略层连级 Agent 的指挥下，根据战场态势信息选择最佳的基本行为。由于个体行动层的决策周期相对较短，其行为评价标准采用作战行动的实时作战效果（得分情况）执行。例如，在执行防守任务时局部策略是出现敌人即攻击，当有敌方目标出现时，作战单元可选择是否射击，以及射击的时机、目标和武器弹药选择等，此时，其最佳选择应该是如何在敌方发现己方前用杀伤力最大的武器尽快对其射击。由于个体行动的学习考虑的是短期实时收益，其学习更多的是一些基本战术行动。

2. 局部策略的学习

在局部策略层，每个连级 Agent 以完成营级 Agent 指令为目标的前提下，尽可能选择最为合适的局部策略。局部策略层的学习就是训练 Agent 在特定的全局策略下，根据所属兵力的状态和敌情信息对所属作战单元进行调配和任务下达，以完成营级 Agent 下达的作战任务。最佳局部策略的评价标准是所属兵力执行后对任务的完成度以及该分队的整体作战效果（得分情况）。例如，在执行要点防守任务时，连级 Agent 可以选择是在夺控点防御还是在夺控点周边防御，以及防御的具体方位以及任务切分等，此时，其最佳选择应根据敌我兵力和武器的观测距离、可被观测距离、可打击距离和可被打击距离等参数合理调配，以建立信息优势和火力优势。由于局部策略层的学习考虑的一定时间阶段、兵力范围内的任务调配，所以其需要学习分队之间的信息交互和策略协同。

3. 全局策略的学习

作为完成该作战任务的全局策略制定者，营级 Agent 需要从战场全局和作战目标出发，选择合适的全局策略。全局策略层学习就是训练 Agent 在以取得作战胜利的目标下，根据全局态势制定作战仿真，并对各分队分配相关的任务。全局策略的评价标准是作战最终是否胜利，由于其考虑的是长期的最终收益，所以其学习过程一般结合经验知识进行。

D.2.2.2　自顶向下的决策过程

不同于策略学习的自底向上方式，Agent 的决策过程采用与实际作战指挥决策相同的自顶向下方式，如图 D.4 所示。全局策略层，营级 Agent 对所有连级 Agent 实施集中式指挥决策，主要确定全局策略，确定是进攻还是防守，并确定各个分队的作战任务和方向；局部策略层，各连级 Agent 根据营级 Agent 下达的任务，分别对所属兵力进行调配，该层中各连级 Agent 本级之间是分散式指挥，单个连级 Agent 对其所属兵力的指挥控制为集中式指挥；个体行动层，作战单元 Agent 采用分散式指挥决策方式，分别根据连级 Agent 下达的子任务自行决策并执行具体动作。

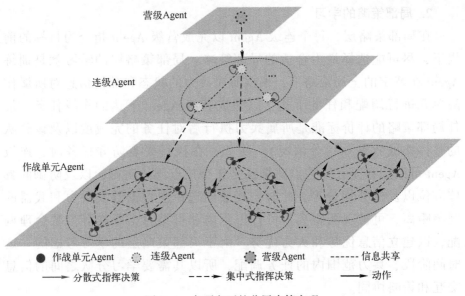

营级Agent

连级Agent

作战单元Agent

● 作战单元Agent　　⊙ 连级Agent　　◉ 营级Agent　　------ 信息共享

——→ 分散式指挥决策　　--→ 集中式指挥决策　　——→ 动作

图 D.4　自顶向下的分层决策实现

D.3　效果分析

D.3.1　方法性能对比分析

为便于分析方法性能,选取集中式、分散式、分层混合和"分层+知识"4 种方法进行对比试验,分别训练 1000 个轮次,每个轮次对战 10 局,共计 10000 局。神经网络训练时,从经验池中采样对神经网络进行训练,每个训练轮次迭代更新 10 次,共计 10000 次,每迭代 5 次保存神经网络参数模型 1 次。

图 D.5 展示了 4 种方法在训练过程中每局对战得分原始数据。其中横轴代表对战局数,纵轴为得分。从图中所示的训练效果可以看出,单一的集中式或分散式方法在这种较大规模的指挥决策中明显不如分层混合方法,在训练 10000 局之后,两种方法模型的得分均值均线没有明显上升,仍然处于 0 以下,只是部分场次中获得了胜利。分层混合方法的得分随着对战局数有着明显上升趋势,加上人类经验等知识驱动优化后,得分进一步提高。

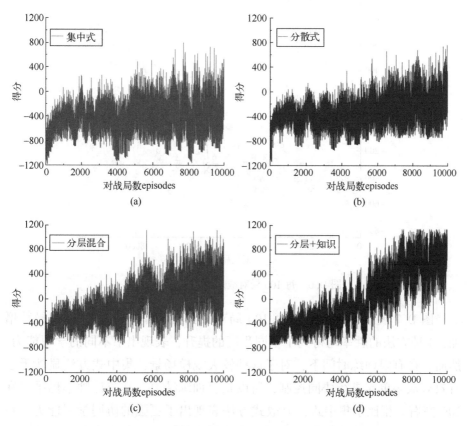

图 D.5　不同方法在训练过程中对战局数-得分曲线

（a）集中式；（b）分散式；（c）分层混合；（d）分层混合+知识。

　　为提升训练效率，模型评估阶段采用历史对战数据进行统计分析，即每对战 100 局评估一次，通过计算前 100 局的平均得分和统计胜率来评估模型性能。图 D.6 展示了 4 种算法每 100 局对战的平均得分情况。不难看出，统计平均得分趋势与原始数据大体一致，相比于集中式和分散式，分层混合方法在训练 5000 局以后表现出了明显优势。与第 7 章仿真效果不同的是，在本附录较大规模场景中，人类经验知识的优势在训练初期并不明显，直至训练至 6000 局以后，分层+知识方法的得分才与单纯的分层混合方法拉开距离，但在后期的得分分值和稳定性方面都明显优于其他三种方法。

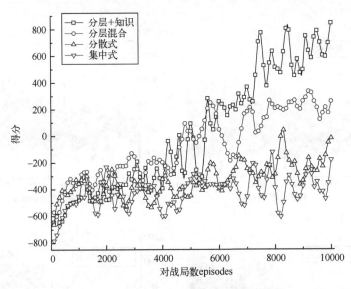

图 D.6　每 100 局对战局数–平均得分曲线

图 D.7 展示了 4 种算法每 100 局对战的胜率情况。随着对战局数增加，4 种方法的胜率均得到了不同程度的提升，表现出了不同的学习能力。然而，在有限训练时间下，对于这种较大规模场景，集中式方法显然无法有效对众多单元进行协同控制，所以直至训练结束，其统计胜率仍维持在20% 左右。相比于集中式，分散式方法表现出了更强的协同学习能力，在训练后期部分模型的评估胜率近六成，但整体平均胜率仍未超过四成。分层混合方法则在训练 3000 局后就表现出了明显优势，虽然存在较大的波动，但最终平均胜率也超过了 60%。引入知识驱动优化后，分层混合方法在训练初期并没有体现出指挥员经验优势，反而因知识固化降低了策略的鲁棒性和稳定性，取得了更低的胜率。但随着训练次数的增加，分层+知识方法的胜率得到了明显提升，特别是由于联盟训练的作用，在胜率和胜率的稳定性上都表现出了明显优势。

D.3.2　模型稳定性对比分析

为进一步对比分析方法的稳定性，对 4 种方法的所有对战得分和分布情况进行统计分析。具体统计方法与 D.3.1 节性能评估类似，采用每 100 局对战数据进行统计分析，包括均值、最大值、最小值、中位线、四分位距以及异常值等信息。如图 D.8 所示，其中横轴为累计对战局数，纵轴为得分，深色箱体代表了得分的上下四分位，即 25%~75% 得分分布范围；深色箱体内的空心矩形代表得分均值，实心黑点代表统计过程中的异常值，对应到对战中的偶然因素与部分异常对局；箱体的上下两条实线的末端分别代表了该统计阶段的得分最大值和最小值。

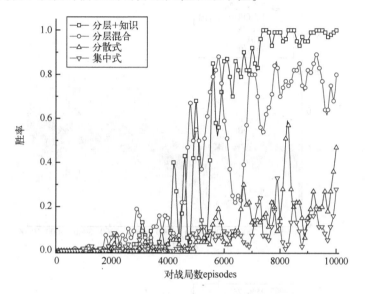

图 D.7　每 100 局对战局数-胜率曲线

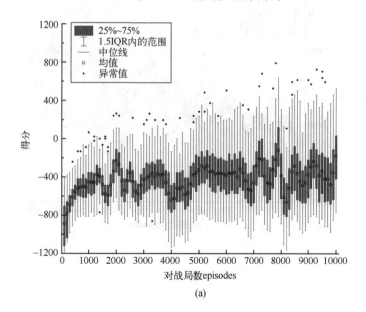

(a)

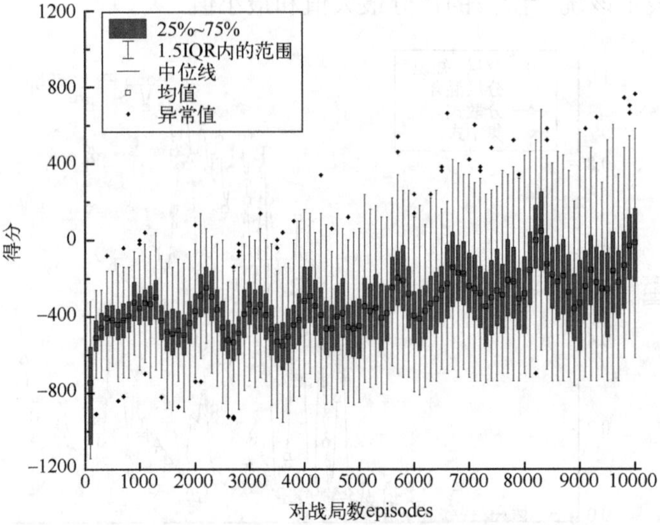
25%~75%
1.5IQR内的范围
中位线
均值
异常值
得分
对战局数episodes

(b)

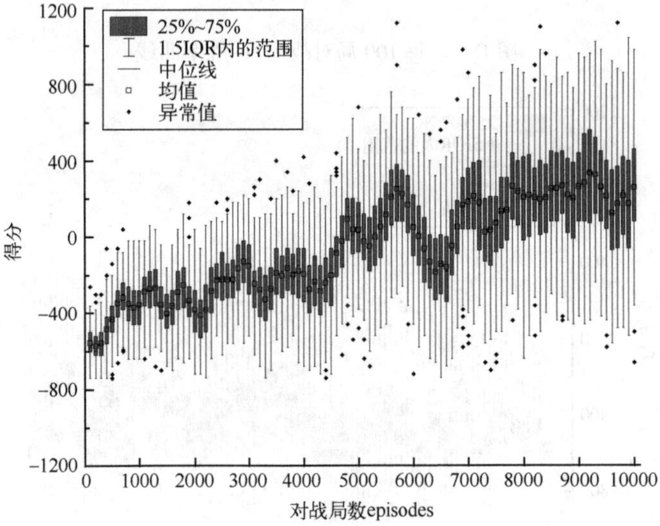
25%~75%
1.5IQR内的范围
中位线
均值
异常值
得分
对战局数episodes

(c)

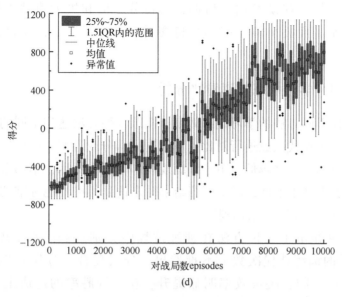

图 D.8　不同方法的对战得分分布统计图

（a）集中式；（b）分散式；（c）分层混合；（d）分层混合+知识。

集中式方法的稳定性表现最差，不管是得分均值的稳定性还是极值分布都表现出较大的波动。特别是训练初始阶段最大输分达到-1200分，而后期也出现了近800分的得分，整体上得分分布不仅大部分处于0值以下，而且分布范围较广，模型整体性能表现出较大随机性。

分散式方法相较于集中式方法在稳定性有明显提升，其得分极小值基本始终维持在-800分以上，在模型性能表现的下限保持了较高的稳定性，在得分极大值上面则随着对战局数有着明显的提升。虽然最终平均得分仍维持在0值以下，但得分的上下四分位分布范围相对集中，具有一定的稳定性。

分层混合方法的均值随着训练次数增加有明显上升趋势，但均值表现出了较大的波动。相比于集中式和分散式，分层混合方法的极小值和极大值也保持了稳定的上升趋势，但是在得分极小值以下出现了许多较大负值的异常值，因此，在实际执行过程中会出现意外失败的可能。

分层+知识方法在引入指挥员经验知识后，相比于单纯的分层混合方法在稳定性方面有了明显提升。除了在均值上升过程中表现出一定的波动外，其得分的均值和极值均得到了稳步提升，四分位分布范围更加集中。特别在模型训练后期，其得分均值和极大值都维持在一个较高的水平，而极小值也基本维持在零左右，保证了模型性能的较高稳定性。

D.3.3 学习训练效率对比分析

为对比不同方法的学习训练效率，按照 4 种方法达到不同的得分和胜率所需要训练迭代次数进行对比。对于同一得分或胜率，迭代次数越少的方法效率越高，反之越低。由于训练规模和时间等原因，本书采取训练迭代 10000 次为终止条件，对于训练结束时未达到相应性能标准的迭代次数记为 10000，并标注"未达到"。

图 D.9 显示了 4 种方法在训练过程中分别达到胜率 20%、50%、80% 所需的训练迭代次数。不难看出，分层混合和分层+知识方法由于使用分层机制，决策效率明显提升，在三种胜率的达成上都体现出了明显优势。特别在 50% 和 80% 胜率训练过程中，所需迭代次数差距更为明显。与集中式相比，在这种较大规模的协同作战中，分散式指挥决策方法表现出了一定的优越性，虽然都未实现 80% 的胜率，但在实现前两种胜率中学习训练效率明显优于集中式方法。与分层混合方法相比，分层+知识方法虽然引入指挥员经验知识可以有效提升模型的稳定性和鲁棒性水平，但在学习训练效率提升方面较为有限。实验结果表明，本书基于多智能体混合分层的指挥决策方法可以有效提升模型学习训练效率，加入人类经验知识驱动的模型训练优化对训练效率提升具有一定的促进作用。

图 D.10 从模型平均得分达到−300 分、0 和 300 分所需要训练迭代次数的角度，对 4 种方法的学习训练效率进行对比。从图上不难看出，由于高维状态动作空间的影响，4 种方法在前期学习训练效率差距不大，基本上都是经过不到 2000 次迭代就可以从较大的输分上升值至−300 分。随着训练迭代次数增加和模型水平提升，分层方法和不分层方法之间的差距逐渐明显。知识驱动优化中采用的联盟训练机制，在训练后期也使得分层+知识方法的学习效率明显提升，不到 7000 次迭代即实现了均值 300 分，而集中式和分散式方法受高维空间与大规模协同影响，到训练终止时，均为达到 300 分均值。

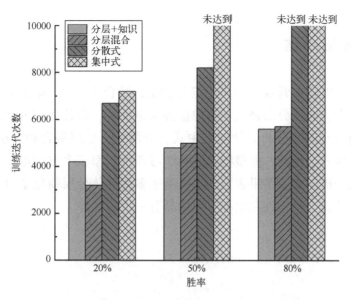

图 D.9　取得不同胜率所需训练迭代次数对比图

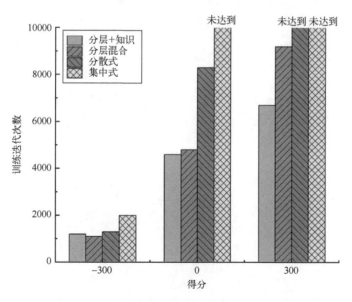

图 D.10　取得不同得分所需训练迭代次数对比图

综上实验结果，相比于集中式和分散式方法，本书基于多智能体分层混合的指挥决策方法在方法性能、模型稳定性和学习训练效率上均表现出了明显优势，在加入知识驱动的模型训练优化后，方法性能和模型稳定性进一步提升，学习训练效率也具有一定的提高。

D.4 本章小结

本附录以合成营规模战斗想定为背景，结合第 5 章~第 7 章内容，设计了基于多智能体分层强化学习的指挥决策框架，依托兵棋平台进行了具体仿真实现与试验分析。针对集中式、分散式、分层混合和分层+知识 4 种方法，从方法性能、模型稳定性和学习训练效率三个方面进行了仿真实验与对比分析。实验结果表明，本书基于多智能体分层强化学习的指挥决策方法在性能、稳定性和效率方面均具有一定的优势。

参 考 文 献

［1］ 樊高月．美军"跨域协同"作战思想探析［J］．国防，2015，2：47-51．

［2］ 国务院．新一代人工智能发展规划［Z］．2017．

［3］ 胡晓峰．军事指挥信息系统中的机器智能：现状与趋势［J］．学术前沿，2016，8：22-34．

［4］ 王飞跃．指控5.0：平行时代的智能指挥与控制体系［J］．指挥与控制学报，2015，1（1）：107-120．

［5］ 胡晓峰，荣明．智能化作战研究值得关注的几个问题［J］．指挥与控制学报，2018，4（3）：195-200．

［6］ LECUN Y, BENGIO Y, HINTON G. Deep learning［J］. Nature, 2015, 521（7553）：436-444.

［7］ SUTTON R S, BARTO A G. Reinforcement learning：an introduction［M］. Cambridge, USA：MIT Press, 1998.

［8］ LI J, YU T, YANG B. A data-driven output voltage control of solid oxide fuel cell using multi-agent deep reinforcement learning［J］. Applied Energy, 2021, 304：117541-117549.

［9］ HUANG L, FU M, QU H, et al. A deep reinforcement learning-based method applied for solving multi-agent defense and attack problems［J］. Expert Systems with Applications, 2021, 176：114896-114906.

［10］ CASTELLINI J, OLIEHOEK F A, SAVANI R, et al. Analysing factorizations of action-value networks for cooperative multi-agent reinforcement learning［J］. Autonomous Agents and Multi-agent Systems, 2021, 35（2）：25.

［11］ TOBIAS M, CHRISTOPH R, KYRILL S, et al. Towards multi-agent reinforcement learning using quantum boltzmann machines［EB/OL］. https：//arxiv. org/pdf/2109. 10900. pdf, 2021-9-22.

［12］ PRASHANT T, NANDYALA H. Multi-agent natural actor-critic reinforcement learning［EB/OL］. https：//arxiv. org/pdf/2109. 01654. pdf, 2021-9-3.

［13］ WANG T, CAO J, HUSSAIN A. Adaptive traffic signal control for large-scale scenario with cooperative group-based multi-agent reinforcement learning［J］. Transportation Research Part C：Emerging Technologies, 2021, 125：103046.

［14］ MANJUNATH N K, SHIRI A, HOSSEINI M, et al. An energy efficient edgeAI autoencoder accelerator for reinforcement learning ［J］. IEEE Open Journal of Circuits and Systems, 2021, 2：182-195.

［15］ SETHI K, MADHAV Y V, KUMAR R, et al. Attention based multi-agent intrusion detection systems using reinforcement learning ［J］. Journal of Information Security and Applications, 2021, 61：102923.

［16］ HE M, LU D, TIAN J, et al. Collaborative reinforcement learning based route planning for cloud content delivery networks ［J］. IEEE Access, 2021, 9：30868-30880.

［17］ 胡晓峰, 荣明. 作战决策辅助向何处去——"深绿"计划的启示与思考 ［J］. 指挥与控制学报, 2016, 2（1）：22-25.

［18］ 杜子亮. DARPA下一代人工智能技术发展与军事应用研究 ［J］. 中国军事科学, 2019, 3：42-50.

［19］ 邱志明, 罗荣, 王亮, 等. 军事智能技术在海战领域应用的几点思考 ［J］. 空天防御, 2019, 1：5-9.

［20］ 唐川. DARPA拟借助人工智能推进"空战演化"项目 ［J］. 科研信息化技术与应用, 2019, 10（3）：95-96.

［21］ 马永龙. 基于全舰计算环境的智能化舰载指控系统技术研究 ［J］. 舰船电子工程, 2018, 10：6.

［22］ 阿里研究院. 人工智能：未来智胜之道 ［J］. 杭州科技, 2017, 2：16-22.

［23］ 金晶, 秦浩, 戴朝霞. 美国人工智能安全顶层战略及重点机构研发现状 ［J］. 网信军民融合, 2020, 5：45-48.

［24］ ERNEST N, CARROLL D, SCHUMACHER, et a1. Genetic fuzzy based artificial intelligence for unmanned combat aerial vehicle control in simulated aircombat missions ［J］. Journal of Defense Management, 2016, 6（1）：1-7.

［25］ 张申, 季自力, 王文华. 美国陆军武器装备的发展趋势 ［J］. 军事文摘, 2019, 19：22-26.

［26］ 李琳, 刘雅奇, 李双刚. 一种群决策专家客观权重确定的改进方法 ［J］. 运筹与管理, 2011, 4：77-81.

［27］ 梁涛, 益晓新, 沈越泓. 军事通信系统抗干扰性能评估专家系统的设计 ［J］. 军事运筹与系统工程, 1998, 3：16-21.

［28］ 雷霆, 朱承, 张维明. 贝叶斯网络的目标打击过程中关键行动选择方法 ［J］. 智能系统学报, 2014, 9（3）：349-354.

［29］ 胡桐清, 陈亮. 军事智能辅助决策的理论与实践 ［J］. 军事系统工程, 1995（Z1）：3-10.

［30］ 王立华, 徐泷. 空中军事打击智能决策支持系统研究 ［J］. 中国管理科学, 2009, 17：168-172.

[31] 刘利, 王宏, 石全, 等. 基于贝叶斯网络的战场抢修顺序优化模型 [J]. 航天控制, 2005, 23 (6): 72-75.

[32] 邵国培, 徐学文, 刘奇志, 等. 军事运筹学的过去、现在和未来 [J]. 运筹学学报, 2013, 1: 10-16.

[33] DU W, GUO T, CHEN J, et al. Cooperative pursuit of unauthorized UAVs in urban airspace via Multi-agent reinforcement learning [J]. Transportation Research Part C: Emerging Technologies, 2021, 128: 103122.

[34] LI J, YU T, YANG B. Coordinated control of gas supply system in PEMFC based on multi-agent deep reinforcement learning [J]. International Journal of Hydrogen Energy, 2021, 46 (68): 33899-33914.

[35] SOUZA C, NEWBURY R, COSGUN A, et al. Decentralized multi-agent pursuit using deep reinforcement learning [J]. IEEE Robotics and Automation Letters, 2021, 6 (3): 4552-4559.

[36] 朱丰, 胡晓峰. 基于深度学习的战场态势评估综述与研究展望 [J]. 军事运筹与系统工程, 2016, 30 (3): 22-27.

[37] 李耀宇, 朱一凡, 杨峰. 基于逆向强化学习的舰载机甲板调度优化方案生成方法 [J]. 国防科技大学学报, 2013, 35 (4): 171-175.

[38] 陈希亮, 张永亮. 基于深度强化学习的陆军分队战术决策问题研究 [J]. 军事运筹与系统工程, 2017, 31 (3): 20-27.

[39] 方伟, 王玉佳, 徐涛, 等. 航空兵智能决策模型的评估方法 [J]. 兵器装备工程学报, 2021, 42 (8): 126-132.

[40] 乔永杰, 王欣九, 孙亮. 陆军指挥所模型自主生成作战计划时间参数的方法 [J]. 中国电子科学研究院学报, 2017, 12 (3): 278-284.

[41] 殷昌盛, 杨若鹏, 邹小飞, 等. 指挥智能化研究综述 [C]. 北京: 第八届中国指挥控制大会, 2020: 110-113.

[42] 李晨希. 知识驱动的深度强化学习在分队战术决策中的应用 [D]. 南京: 陆军工程大学, 2018: 5-20.

[43] MACUA S V, DAVIES I, TUKIAINEN A. Fully dietributed actor-critic architecture for multitask deep reinforcement learning [J]. Knowledge Engineering Review, 2021, 36 (6): 1-24.

[44] 赵冬斌, 邵坤, 朱圆恒, 等. 深度强化学习综述: 兼论计算机围棋的发展 [J]. 控制理论与应用, 2016, 33 (6): 701-717.

[45] SILVER D, HUANG A, MADDISON C J, et al. Mastering the game of Go with deep neural networks and tree search [J]. Nature, 2016, 529 (7587): 484-489.

[46] SILVER D, SCHRITTWIESERH J, SIMONYAN K, et al. Mastering the game of Go without human knowledge [J]. Nature, 2017, 550 (7676): 354-359.

［47］SILVER D, HUBER T. A general reinforcement learning algorithm that masters chess, shogi, and Go through self−play ［J］. Science, 2018, 362: 1140−1144.

［48］ORIOL V, LGOR B, WOJCIECH M C, et al. Grandmaster level in StarCraft II using multi−agent reinforcement learning ［J］. Nature, 2019, 575 (7782): 350−354.

［49］KATHRYN T, JONAS A, ZACHARY A, et al. Highly accurate protein structure prediction for the human proteome ［J］. Nature, 2021, 596 (7873): 590−596.

［50］MINSKY M L. Theory of neural−analog reinforcement systems and its application to the brain model problem ［D］. Princeton University, 1954.

［51］蔡自兴, 陈白帆, 王璐, 等. 异质多移动机器人协同技术研究的进展 ［J］. 智能系统学报, 2007, 3: 1−7.

［52］刘全, 翟建伟, 章宗长. 深度强化学习综述 ［J］. 计算机学报, 2018, 41 (1): 1−17.

［53］MNIH V, KAVUKCUOGLU K, SILVER D, et al. Playing atari with deep reinforcement learning ［J］. Computer Science, 2013.

［54］孙长银, 穆朝絮. 多智能体深度强化学习的若干关键科学问题 ［J］. 自动化学报, 2020, 46 (7): 1301−1312.

［55］施伟, 冯旸赫, 程光权, 等. 基于深度强化学习的多机协同空战方法研究 ［J］. 自动化学报, 2021, 47 (7): 1610−1623.

［56］刘婷婷, 罗义南, 杨晨阳. 基于多智能体深度强化学习的分布式干扰协调 ［J］. 通信学报, 2020, 41 (7): 38−48.

［57］ANDREW W S, RICHARD E, JOHN J, et al. Improved protein structure prediction using potentials from deep learning ［J］. Nature, 2020, 577 (7792): 706−710.

［58］殷昌盛, 杨若鹏, 朱巍, 等. 多智能体分层强化学习研究综述 ［J］. 智能系统学报, 2020, 15 (4): 646−656.

［59］HEUILLET A A, COUTHOUIS F B, DIAZ N C. Explainability in deep reinforcement learning ［J］. Konwledge−Based Systems, 2021, 214: 106685.

［60］VAN HASSELT H, GUEZ A, SILVER D. Deep reinforcement learning with double Q learning. Proceedings of the AAAI Conference on Artificial Intelligence. Phoenix, USA, 2016: 2094−2100.

［61］RUMMERY G A, NIRANJAN M. On−line q−learning using connectionist systems ［EB/OL］. https://www.researchgate.net/publication/250611_On−Line_Q−Learning_Using_Connectionist_Systems, 2018−2−2.

［62］WATKINS C J C H, DAYAN P. Q−learning ［J］. Machine Learning, 1992, 8 (3−4): 279−292.

［63］SILVER D, LEVER G, HEESS N, et al. Deterministic policy gradient algorithms ［C］//International Conference on Machine Learning 2014, Beijing, China, 2014: 387−395.

［64］ PENG J, RONALD J W. Incremental multi-step Q-learning ［J］. Machine Learning, 1996, 22 (1-3): 283-290.

［65］ MNIH V, BADIA A P, MIRZA M, et al. Asynchronous methods for deep reinforcement learning ［EB/OL］. https://arxiv.org/pdf/1602.01783.pdf, 2016-6-16.

［66］ SCHULMAN J, LEVINE S, ABBEEL P, et al. Trust region policy optimization ［EB/OL］. https://arxiv.org/pdf/1502.05477.pdf, 2015-2-19.

［67］ HEESS N, WAYNE G, SILVER D, et al. Learning continuous control policies by stochastic value gradients ［EB/OL］. https://arxiv.org/pdf/1510.09142.pdf, 2015-10-30.

［68］ LEVINE S, KOLTUM V. Guided policy search ［EB/OL］. https://arxiv.org/pdf/1610.00529.pdf, 2016-10-3.

［69］ SCHULMAN J, WOLSKI F, DHARIWAL P, et al. Proximal policy optimization algorithms ［EB/OL］. https://arxiv.org/pdf/1707.06347.pdf, 2018-9-18.

［70］ LILLICRAP T P, HUNT J J, PRITZEL A, et al. Continuous control with deep reinforcement learning ［J］. Computer Science, 2015, 8 (6): A187.

［71］ SCHULMAN J, MORITZ P, LEVINE S, et al. High dimensional continuous control using generalized advantage estimation ［EB/OL］. https://arxiv.org/pdf/1506.024398.pdf, 2011-11-16.

［72］ ZHANG J J, ZHANG C, CHIEN W C. Overview of deep reinforcement learning improvements and applications ［J］. Journal of Internet Technology, 2021, 22 (2): 239-255.

［73］ SUTTON R S. Dyna, an integrated architecture for learning, planning and reacting ［J］. ACM SIGART bulletin, 1991, 2 (4): 160-163.

［74］ 殷昌盛, 杨若鹏, 朱巍, 等. 基于深度强化学习的应急通信网络规划方法 ［J］. 系统工程与电子技术, 2020, 42 (9): 2091-2030.

［75］ WATKINS C J C H, DAYAN P. Technical note: Q-learning ［J］. Machine Learning, 1992, 8 (3-4): 272-292.

［76］ HAUSKNECHT M, STONE P. Deep recurrent q-learning for partially observable MDPs ［EB/OL］. https://arxiv.org/pdf/1507.06527.pdf, 2018-2-2.

［77］ YANG H, XIONG Z, ZHAO J, et al. Deep reinforcement learning based massive access management for ultra-reliable Low-Latency communications ［J］. IEEE Transactions on Wireless Communications, 2021, 20 (5): 2977-2990.

［78］ ZHU K, ZHANG T. Deep reinforcement learning based mobile robot navigation: A review ［J］. Tsinghua Science and Technology, 2021, 26 (5): 674-691.

［79］ WEN G, FU J, DAI P, et al. DTDE: a new cooperative multi-agent reinforcement learning framework ［J］. The Innovation, 2021, 2 (4): 100162.

［80］ KIRK H, STEVE U. Deep reinforcement learning for spacecraft proximity operations guidance ［J］. Journal of Spacecraft and Rockets, 2021, 58 (2): 254-264.

[81] SCHMIDHUBER J. Deep learning in neural networks: an overview [J]. Neural Networks, 2015, 61: 85-117.

[82] LIU S, WU J, HE J. Dynamic multichannel sensing in cognitive radio: hierarchical reinforcement learning [J]. IEEE Access, 2021, 9: 25473-25481.

[83] SU S, WANG X, TANG T, et al. Energy-efficient operation by cooperative control among trains: a multi-agent reinforcement learning approach [J]. Control Engineering Practice, 2021, 116: 104901.

[84] ZHOU W J, SUBAGDJA B, TAN A, et al. Hierarchical control of multi-agent reinforcement learning team in real-time strategy (RTS) games [J]. Expert Systems with Applications, 2021, 186: 115707.

[85] GHADIRZADEH A, CHEN X, YIN W, et al. Human-Centered Collaborative Robots With Deep Reinforcement Learning [J]. IEEE Robotics and Automation Letters, 2021, 6 (2): 566-571.

[86] YANG S, YANG B, KANG Z, et al. IHG-MA: Inductive heterogeneous graph multi-agent reinforcement learning for multi-intersection traffic signal control [J]. Neural Networks, 2021, 139: 265-277.

[87] ZHANG C, JIN S, XUE W, et al. Independent reinforcement learning for weakly cooperative multiagent traffic control problem [J]. IEEE Transactions on Vehicular Technology, 2021, 70 (8): 7426-7436.

[88] KONAR A, BAGHI B H, DUDEK G. Learning goal conditioned socially compliant navigation from demonstration using risk-based features [J]. IEEE Robotics and Automation Letters, 2021, 6 (2): 651-658.

[89] ALSALEH R, SAYED T. Markov-game modeling of cyclist-pedestrian interactions in shared spaces: a multi-agent adversarial inverse reinforcement learning approach [J]. Transportation Research Part C: Emerging Technologies, 2021, 128: 103191.

[90] 陈希亮. 深度逆向强化学习及在作战行动序列生成与优化中的应用 [D]. 南京: 陆军工程大学, 2019: 3-20.

[91] 蔡自兴. 多移动机器人系统原理与技术 [M]. 北京: 国防工业出版社, 2011.

[92] LESSER D. Negotiating task decomposition and allocation using partial global planning [J]. Distributed Artificial Intelligence, 1989, 21 (2): 229-244.

[93] FANG X, ZHAO Q, WANG J, et al. Multi-agent deep reinforcement learning for distributed energy management and strategy optimization of microgrid market [J]. Sustainable Cities and Society, 2021, 74: 103163.

[94] XI L, SUN M, ZHOU H, et al. Multi-agent deep reinforcement learning strategy for distributed energy [J]. Measurement, 2021, 185: 109955.

[95] CHEN S, YAO Z, JIANG X, et al. Multi-agent deep reinforcement learning-based cooper-

ative edge caching for ultra-dense next-generation Networks [J]. IEEE Transactions on Communications, 2021, 69 (4): 2441-2456.

[96] LEE H, LEE T. Multi-agent reinforcement learning algorithm to solve a partially-observable multi-agent problem in disaster response [J]. European Journal of Operational Research, 2021, 291 (1): 296-308.

[97] 周戎. 基于 Q 学习的 RoboCup 多智能体决策优化 [D]. 南京: 南京邮电大学, 2018: 1-5.

[98] DUAN Y, CUI B X, XU X H. A multi-agent reinforcement learning approach to robot soccer [J]. Artificial Intelligence Review, 2012, 38 (3): 193-211.

[99] PARR R, RUSSELL S. Reinforcement learning with hierarchies of machines [J]. Neural Information Processing Systems, 1998, 10: 1043-1049.

[100] MOHAIMENIANPOUR S M, BEHBOOEI M, GHIDARY S S. Adaptive multiagent path planning with dynamic heuristic [M]. Intelligent Autonomous Systems, 2016: 591-603.

[101] DIETTERICH T G. Hierarchical reinforcement learning with the MAXQ value function decomposition [J]. Journal of Artificial Intelligence Research, 2000, 13: 227-303.

[102] FERBER J. Multi-agent systems: an introduction to distributed artificial intelligence [C]. International Symposium on Mobile Agents. Addison-Wesley Longman Publishing Co., Inc., 1999: U213-U219.

[103] ZHANG L, LI J, ZHU Y, et al. Multi-agent reinforcement learning by the actor-critic model with an attention interface [J]. Neurocomputing, 2022, 471: 275-284.

[104] HUANG B, LIU X, WANG S, et al. Multi-agent reinforcement learning for cost-aware collaborative task execution in energy-harvesting D2D networks [J]. Computer Networks, 2021, 195: 108176.

[105] ZHOU T, TANG D, ZHU H, et al. Multi-agent reinforcement learning for online scheduling in smart factories [J]. Robotics and Computer-Integrated Manufacturing, 2021, 72: 102202.

[106] HUANG C, CHEN G, WONG K. Multi-agent reinforcement learning-based buffer-aided relay selection in IRS-assisted secure cooperative networks [J]. IEEE Transactions on Information Forensics and Security, 2021, 16: 4101-4112.

[107] QIN W, SUN Y, ZHUANG Z, et al. Multi-agent reinforcement learning-based dynamic task assignment for vehicles in urban transportation system [J]. International Journal of Production Economics, 2021, 240: 108251.

[108] HE Z, TRAN K P, Thomassey S, et al. Multi-objective optimization of the textile manufacturing process using deep-Q-network based multi-agent reinforcement learning [J]. Journal of Manufacturing Systems, 2022, 62: 939-949.

[109] LI Z, YU H, ZHANG G, et al. Network-wide traffic signal control optimization using a

multi-agent deep reinforcement learning [J]. Transportation Research Part C: Emerging Technologies, 2021, 125: 103059.

[110] JAKOB F, et al. Learning to communicate with deep multi-agent reinforcement learning [J]. arXiv, 2016: 13.

[111] JIANG J C, LU Z Q. Learning attentional communication for multi-agent cooperation [C]//32nd Conference on Neural Information Processing Systems (NIPS), 2018.

[112] AMANPREET S, TUSHAR J, et. al. Learning when to communicate at scale in multiagent coorperative and competitive tasks [J]. Statistics, 2018.

[113] SAINBAYAR S, FERGUS R. Learning Multi-agent communication with backpropagation [J]. Advances in Neural Information Processing Systems29 (NIPS 2016), 2016.

[114] LI J, JI L, LI H. Optimal consensus control for unknown second-order multi-agent systems: Using model-free reinforcement learning method [J]. Applied Mathematics and Computation, 2021, 410: 126451.

[115] CHEN K, WANG H, VALVERDE-PÉREZ B, et al. Optimal control towards sustainable wastewater treatment plants based on multi-agent reinforcement learning [J]. Chemosphere, 2021, 279: 130498.

[116] BELHADI A, DJENOURI Y, SRIVASTAVA G, et al. Reinforcement learning multi-agent system for faults diagnosis of mircoservices in industrial settings [J]. Computer Communications, 2021, 177: 213-219.

[117] SUN C, LIU W, DONG L. Reinforcement learning with task decomposition for cooperative multiagent systems [J]. IEEE Transactions on Neural Networks and Learning Systems, 2021, 32 (5): 2054-2065.

[118] TAN M. Multi-agent reinforcement learning: independent vs. cooperative agents [J]. Machine Learning Proceedings, 1993: 330-337.

[119] SUKHBAATAR S, SZLAM A, FERGUS R. Learning multiagent communication with backpropagation [EB/OL]. https://arxiv. org/pdf/1605. 07736. pdf, 2016-3-25.

[120] WIEDEMANN T, VLAICU C, JOSIFOVSKI J, et al. Robotic information gathering with reinforcement learning assisted by domain knowledge: An Application to Gas Source Localization [J]. IEEE Access, 2021, 9: 13159-13172.

[121] ZHANG X, LIU Y, XU X, et al. Structural relational inference actor-critic for multi-agent reinforcement learning [J]. Neurocomputing, 2021, 459: 383-394.

[122] SUNEHAG P, LEVER G, GRUSLYS A, et al. Value-decomposition networks for cooperative multi-agent learning [EB/OL]. https://arxiv. org/pdf/1706. 05296v1. pdf, 2017-6-16.

[123] RASHID T, SAMVELYAN M, DE WITT C S, et al. QMIX: monotonic value function factorisation for deep multi-agent reinforcement learning [EB/OL]. https://arxiv. org/pdf/

1803. 11485. pdf, 2018-6-6.

[124] SON K, KIM D, KANG W J, et al. QTRAN: learning to factorize with transformation for cooperative multi - agent reinforcement learning [EB/OL]. https://arxiv. org/pdf/1905. 05408. pdf, 2019-3-14.

[125] YANG Y, HAO J, LIAO B, et al. Qatten: a general framework for cooperative multiagent reinforcement learning [EB/OL]. https://arxiv. org/pdf/2002. 03939. pdf, 2020-2-10.

[126] LIU G, SALEHI S, SHEN C, et al. TDD massive MISO piloting strategy with user information: a reinforcement learning approach [J]. IEEE Wireless Communications Letters, 2021, 10 (2): 349-352.

[127] ZHENG P, XIA L, LI C, et al. Towards self-X cognitive manufacturing network: An industrial knowledge graph-based multi-agent reinforcement learning approach [J]. Journal of Manufacturing Systems, 2021, 61: 16-26.

[128] LIU R, ZHANG Q, CHEN Y, et al. A biologically constrained cerebellar model with reinforcement learning for robotic limb control [J]. IEEE Access, 2020, 8: 222199-222210.

[129] JADERBERG M, CZARNECKI M M. Human-level performance in 3D multiplayer games with population-based reinforcement learning [J]. Science, 2019, 364: 859-865.

[130] FOERSTER J, FARQHUHAR G, AFOURAS T, et al. Counterfactual multi-agent policy gradients [C]//32th AAAI Conference on Artificial Intelligence and the 30th Annual Conference on Innovative Applications of Artificial Intelligence, New Orleans, Louisiana, USA, 2018.

[131] 伍文峰, 张昱, 荣明. 基于 RTS 视角的指挥控制系统智能化技术 [J]. 系统仿真学报, 2018, 30 (11): 4158-4171.

[132] WU B, FU Q, LIANG J, et al. Hierarchical macro strategy model for MOBA game AI [EB/OL]. https://arxiv. org/pdf/1812. 07887v1. pdf, 2018-12-19.

[133] PONSEN M J V, SPRONCK P, AHA D W. Automatically acquiring domain knowledge for adaptive game AI using evolutionary learning [C]//Conference on Innovative Applications of Artificial Intelligence. AAAI Press, 2005: 1535-1540.

[134] WEBER B G, ONTAÑÓN S. Using automated replay annotation for case-based planning in games [C]//ICCBR 2010 workshop on CBR for Computer Games (ICCBR 2010), 2010: 15-24.

[135] WEBER B G, MAWHORTER P, MATEAS M, et al. Reactive planning idioms for multi-scale game AI [C]//Computational Intelligence and Games. IEEE, 2010: 115-122.

[136] SYNNAEVE G, BESSIERE P. A Bayesian model for RTS units control applied to starcraft [C]//ComputationalIntelligence and Games. IEEE, 2011: 190-196.

[137] Baxter, Laurence A. Markov decision processes: discrete stochastic dynamic programming [J]. Technometrics. 1995, 37 (3): 353-353.

[138] Leslie, Pack, Kaelbing, et al. Planning and acting in partially observable atochastic domains [J]. Artificial Intelligence, 1998, 101 (1): 99-134.

[139] WANG J, SUN L. Dynamic holding control to avoid bus bunching: a multi-agent deep reinforcement learning framework [J]. Transportation Research Part C: Emerging Technologies, 2020, 116: 102661.

[140] KAUR A, KUMAR K. Energy-efficient resource allocation in cognitive radio networks under cooperative multi-agent model-free reinforcement learning Schemes [J]. IEEE Transactions on Network and Service Management, 2020, 17 (3): 1337-1348.

[141] WANG X, WANG C, LI X, et al. Federated deep reinforcement learning for internet of things with decentralized cooperative edge caching [J]. IEEE Internet of Things Journal, 2020, 7 (10): 9441-9455.

[142] ZHANG K, YANG Z, LIU H, et al. Finite-sample analysis for decentralized cooperative multi-agent reinforcement learning from batch data [J]. IFAC-PapersOnLine, 2020, 53 (2): 1049-1056.

[143] RICHARD S S, DOINA P, SATINDER S. Between MDPs and semi-MDPs: a framework for temporal abstract in reinforcement learning-ScienceDirect [J]. Artificial Intelligence, 1999, 112 (1-2): 181-211.

[144] DERESZYNSKI E, HOSTETLER J, FERN A, et al. Learning probabilistic behavior models in real-time strategy games [C]//AAAI Conference on Artificial Intelligenceand Interactive Digital Entertainment. AAAI Press, 2011: 20-25.

[145] MEHTA M, ONTAÑÓN S, AMUNDSEN T, et al. Authoring behaviors for games using learning from demonstration [C]//Proc. of the 8th Intenational Conf. on Case-Based Reasoning: Case-Based Reasoning Research and Development (ICCBR 2009). Berlin, Heidelberg: Springer-Verlag, 2009: 12-20.

[146] YAN Z, XU Y. A multi-agent deep reinforcement learning method for cooperative load frequency control of a multi-area power system [J]. IEEE Transactions on Power Systems, 2020, 35 (6): 4599-4608.

[147] SUTTLE W, YANG Z, ZHANG K, et al. A multi-agent off-policy actor-critic algorithm for distributed reinforcement learning [J]. IFAC-PapersOnLine, 2020, 53 (2): 1549-1554.

[148] SHI H, ZHAI L, WU H, et al. A multitier reinforcement learning model for a cooperative multiagent system [J]. IEEE Transactions on Cognitive and Developmental Systems, 2020, 12 (3): 636-644.

[149] PENG P, WEN Y, YANG Y D, et al. Multiagent bidirectionally-coordinated nets: emergence of human-level coordination in learning to play starcraft combat games [DB/OL]. http://cn.arxiv.org/pdf/1703.10069v4.pdf, 2017-03-29.

170

［150］ ZHANG F, LI J, LI Z. A TD3-based multi-agent deep reinforcement learning method in mixed cooperation-competition environment ［J］. Neurocomputing, 2020, 411: 206-215.

［151］ TSAI K C, HAN Z. Achieving correlated equilibrium by studying opponent's behavior through policy-based deep reinforcement learning ［J］. IEEE Access, 2020, 8: 199682-199695.

［152］ AL-DABOONI S, WUNSCH D C. An improved N-step value gradient learning adaptive dynamic programming algorithm for online learning ［J］. IEEE Transactions on Neural Networks and Learning Systems, 2020, 31 (4): 1155-1169.

［153］ WEI X, ZHAO J, ZHOU L, et al. Broad reinforcement learning for supporting Fast Autonomous IoT ［J］. IEEE Internet of Things Journal, 2020, 7 (8): 7010-7020.

［154］ SHAO K, ZHU Y H, ZHAO D B. Starcraft micromanagement with reinforcement learning and curriculum transfer learning ［J］. IEEE Transactions on Emerging Topics in Computational Intelligence, 2018 (99): 1-12.

［155］ XIA Y, WU L, WANG Z, et al. Cluster-enabled cooperative scheduling based on reinforcement learning for high-mobility vehicular networks ［J］. IEEE Transactions on Vehicular Technology, 2020, 69 (11): 12664-12678.

［156］ 赵新泉, 彭勇行. 管理决策分析 ［M］. 北京: 科学出版社, 2008.

［157］ 简如国. 基于人工智能的联合作战指挥决策问题研究 ［D］. 长沙: 国防科技大学, 2019.

［158］ 全军军事术语管理委员会. 军语 ［M］. 北京: 军事科学出版社, 2011.

［159］ 胡光正. 中国军事百科全书 ［M］. 北京: 中国大百科全书出版社, 2106.

［160］ 任海泉. 军队指挥学 ［M］. 北京: 国防大学出版社, 2007.

［161］ 杨金华, 黄彬. 作战指挥概论 ［M］. 北京: 国防大学出版社, 1995.

［162］ 史越东. 指挥决策学 ［M］. 北京: 解放军出版社, 2005.

［163］ 全国科学技术名词审定委员会. 管理科学技术名词 ［M］. 北京: 科学出版社, 2016.

［164］ Minsky M L. The society of mind ［M］. Simon & Schuster, 1998.

［165］ JENNINGS N R. On agent-based software engineering ［J］. Artifical Intelligence, 2000, 117 (2): 277-296.

［166］ 殷昌盛, 杨若鹏. 基于人工智能的联合作战信息保障体系应用举要 ［J］. 军事通信学术, 2020, 4: 76-77.

［167］ YIN C S, YANG R P, ZHU W, et al. Optimal planning of emergency communication network using deep reinforcement learning ［J］. IEICE Transactions on Communications, 2021, 104 (1): 20-26.

［168］ WOOLDRIDGE M J, JENNINGS N R. Agent theories, architectures, and languages: a survey ［C］//International Workshop on Agent Theories, Architectures, and Languages.

Springer Berlin Heidelberg, 2000.

[169] PETRI C. A. Kommunikation mit automaten [J]. Phd Thesis Institute Fuer in Strumentelle Mathematic, 1962.

[170] 罗雪山, 张维明, 邱涤珊, 等. C³I系统建模方法与技术 [M]. 长沙: 国防科技大学出版社, 2000.

[171] 金伟新. 体系对抗复杂网络建模与仿真 [M]. 北京: 电子工业出版社, 2010.

[172] 胡晓峰, 罗批, 司光亚, 等. 战争复杂系统建模与仿真 [M]. 北京: 国防大学出版社, 2005.

[173] 白亮, 肖延东, 侯绿林, 等. 基于控制环的作战网络对抗模型 [J]. 国防科技大学学报. 2013, 35 (3): 42-47.

[174] 张强, 李建华, 沈迪, 等. 基于复杂网络的作战体系网络建模与优化研究 [J]. 系统工程与电子技术, 2015, 37 (5): 1065-1071.

[175] YIN C S, YANG R P, ZOU X F. Research of command entity intelligent decision model based on deep reinforcement learning [C]. 5th IEEE International Conference on Cloud Computing and Intelligence Systems, Nanjing, 2018: 552-558.

[176] 刘德胜. 基于复杂网络分析方法的作战体系评估研究综述 [J]. 军事运筹与系统工程, 2020, 34 (3): 66-73.

[177] 张璐. 基于多Agent复杂网络的交战模拟方法研究 [D]. 长沙: 国防科技大学研究生院, 2008.

[178] 周文吉, 俞扬. 分层强化学习综述 [J]. 智能系统学报, 2017, 12 (5): 590-594.

[179] QUINLAN J R. Induction of decision trees [J]. Machine Learning, 1986, 1 (1): 81-106.

[180] BREIMAN L, FRIEDMAN J H, OLSHEN R A, et al. Classification and regressi on tress (CART) [J]. Biometrics, 1984, 40 (3): 358.

[181] XIAO J C, ZHI G Z, YUE T. An improved ID3 decision tree algorithm [J]. Advanced Materials Research, 2014, 962-965: 2842-2847.

[182] SALZBERG S L. Morgan Kaufmann Publishers, Inc. 1993 [J]. Machine Leaning, 1994, 16 (3): 235-240.

[183] BERSTEKAS D P. Dynamic programming and optimal control [J]. Athena scientific, 1995.

[184] 张化光, 张欣, 罗红艳, 等. 自适应动态规划综述 [J]. 自动化学报, 2013 (4): 303-311.

[185] 丛明煜, 王丽萍. 现代启发式算法理论研究 [J]. 高技术通讯, 2003 (5): 105-110.

[186] NGUYEN T T, NGUYEN N D, NAHAVANDI S. Deep reinforcement learning for multi-agent systems: a review of challenges, solutions and applications [EB/OL] http://arx-

iv. org/pdf/1812. 11794. pdf, 2018-12-31.

[187] 张晓海，操新文. 基于深度学习的军事智能决策支持系统［J］. 指挥控制与仿真，2018, 40（2）：1-7.

[188] 金欣. 指挥控制智能化现状与发展［J］. 指挥信息系统与技术，2017, 8（4）：10-18.

[189] HU J, ZHANG H, SONG L, et al. Cooperative internet of UAVs: distributed trajectory design by multi-agent deep reinforcement learning［J］. IEEE Transactions on Communications, 2020, 68（11）：6807-6821.

[190] 胡晓峰，郭圣明，贺筱媛. 指挥信息系统的智能化挑战——"深绿"计划及 AlphaGo 带来的启示与思考［J］. 指挥信息系统与技术，2016, 7（3）：1-7.

[191] YAN Y, ZHANG B, LI C, et al. Cooperative caching and fetching in D2D communications—a fully decentralized multi-agent reinforcement learning approach［J］. IEEE Transactions on Vehicular Technology, 2020, 69（12）：16095-16109.

[192] LIN P, SONG Q, SONG J, et al. Cooperative caching and transmission in CoMP-integrated cellular networks using reinforcement learning［J］. IEEE Transactions on Vehicular Technology, 2020, 69（5）：5508-5520.

[193] 金欣. "深绿"及 AlphaGo 对指挥与控制智能化的启示［J］. 指挥与控制学报，2016, 2（3）：202-207.

[194] MAJA H, ELIZABETH C. Onto-agent methodology for design of ontology-based multi-agent systems［J］. International Journal of Computer Systems Science & Engineering, 2008, 23（1）：19-30.

[195] WOOLDRIDGE M. An introduction to multi-agent systems［J］. Wiley & Sons, 2011, 4（2）：125-128.

[196] DITTRICH M, FOHLMEISTER S. Cooperative multi-agent system for production control using reinforcement learning［J］. CIRP Annals, 2020, 69（1）：389-392.

[197] SARIKHANI R, KEYNIA F. Cooperative spectrum sensing meets machine learning: deep reinforcement learning approach［J］. IEEE Communications Letters, 2020, 24（7）：1459-1462.

[198] ZHAO H, ZHAO J, QIU J, et al. Cooperative wind farm control with deep reinforcement learning and knowledge-assisted learning［J］. IEEE Transactions on Industrial Informatics, 2020, 16（11）：6912-6921.

[199] SAMADI E, BADRI A, EBRAHIMPOUR R. Decentralized multi-agent based energy management of microgrid using reinforcement learning［J］. International Journal of Electrical Power & Energy Systems, 2020, 122：106211.

[200] ZHANG X, PENG M, YAN S, et al. Deep-reinforcement-learning-based mode selection and resource allocation for cellular V2X communications［J］. IEEE Internet of Things

Journal, 2020, 7 (7): 6380-6391.

[201] 梁星星, 冯旸赫, 马扬, 等. 多 Agent 深度强化学习综述 [J]. 自动化学报, 2020, 46 (12): 2537-2557.

[202] SUN P, GUO Z, WANG G, et al. MARVEL: enabling controller load balancing in software-defined networks with multi-agent reinforcement learning [J]. Computer Networks, 2020, 177: 107230.

[203] SHI D, GAO H, WANG L, et al. Mean field game guided deep reinforcement learning for task placement in cooperative multiaccess edge computing [J]. IEEE Internet of Things Journal, 2020, 7 (10): 9330-9340.

[204] HOWARD R A. Dynamic probabilistic systems: Semi-Markov and decision processes [M]. New York, Wiley, 1971.

[205] MOHAJER A, BAVAGHAR M, FARROKHI H. Mobility-aware load balancing for reliable self-organization networks: multi-agent deep reinforcement learning [J]. Reliability Engineering & System Safety, 2020, 202: 107056.

[206] LU R, LI Y, et al. Multi-agent deep reinforcement learning based demand response for discrete manufacturing systems energy management [J]. Applied Energy, 2020, 276: 115473.

[207] 王雅洁. 基于多智能体强化学习的多目标动态规划技术研究及实现 [D]. 长沙: 国防科技大学, 2020.

[208] 袁唯淋. 基于多智能体强化学习的超视距空战决策方法研究 [D]. 长沙: 国防科技大学, 2018.

[209] CHU T, WANG J, CODECA L, et al. Multi-agent deep reinforcement learning for large-scale traffic signal control [J]. IEEE Transactions on Intelligent Transportation Systems, 2020, 21 (3): 1086-1095.

[210] BHATNAGAR S, SUTTON R S, GHAVAMZADEH M, et al. Natural Actor-Critic Algorithms [J]. Automatic, 2009, 45 (11): 2471-2482.

[211] YIN C S, YANG R P, ZHU W, et al. Research on topology planning for mesh networks based on deep reinforcement learning [C]. 2th International Conference on Computer Communication and the Internet, Nagoya, Japan, 2020: 6-11.

[212] LOWE R, WU Y, TAMAR A, et al. Multi-agent actor-critic for mixed cooperative-competitive environments [C]//31st Conference on Neural Information Processing System (NIPS), Long Beach, CA, 2017.

[213] 中国科学院自动化研究所. 庙算智胜即时策略人机对抗平台推演规则 [Z]. 北京, 中国科学院, 2020.

[214] CHOROWSKI J K, BAHDANAU D, SERDYUK D, et al. Attention-based models recognition [C]//Carinna Comes. Annual Conference on Neural Information for speech Pro-

cessing Systems. Montreal, Canada: MIT Press, 2015.

[215] SHARIQ I, FEI S. Actor-attention-critic for multi-agent reinforcement learning [EB/OL]. https://arxiv. org/pdf/1810. 02912. pdf, 2018-10-5.

[216] ABHISHEK D, THEOPHILE G, JOSHUA R, et al. TarMAC: targeted multi-agent communication [EB/OL]. https://arxiv. org/pdf/1810. 11187. pdf, 2018-10-26.

[217] BAHDANAU D, CHO K, BENGIO Y. Neural machine translation by jointly learning to align and translate [C]//Yoshua B engio. International conference on Learning Representations. San Diego, USA: ICLR, 2015.

[218] BOND A H, GASSER L. Readings of distributed artificial intelligence [M]. Morgan Kaufmann, Feb, 1988.

[219] HU X, LIAO X, LIU Z, et al. Multi-agent deep reinforcement learning-based flexible satellite payload for mobile terminals [J]. IEEE Transactions on Vehicular Technology, 2020, 69 (9): 9849-9865.

[220] WANG H, QIU T, LIU Z, et al. Multi-agent formation control with obstacles avoidance under restricted communication through graph reinforcement learning [J]. IFAC-PapersOnLine, 2020, 53 (2): 8150-8156.

[221] FIRDAUSIYAH N, TANIGUCHI E, QURESHI A G. Multi-agent simulation-adaptive dynamic programming based reinforcement learning for evaluating joint delivery systems in relation to the different locations of urban consolidation centres [J]. Transportation Research Procedia, 2020, 46: 125-132.

[222] YIN C S, YANG R P, ZHU W, et al. Research on radio frequency assignment method based on improved genetic algorithm [C]. 2th International Conference on Artifical Intelligence and Big Data, Chengdu, 2019: 358-363.

[223] KIM Y G, LEE S, SON J, et al. Multi-agent system and reinforcement learning approach for distributed intelligence in a flexible smart manufacturing system [J]. Journal of Manufacturing Systems, 2020, 57: 440-450.

[224] DORIGO M, COLOMBETTI M. Rabot shaping: developing autonomous agents through learning [J]. Artficial Intelligence, 1994, 71 (2): 321-370.

[225] 喻杉. 基于深度环境理解和行为模仿的强化学习智能体设计 [D]. 杭州: 浙江大学, 2019.

[226] NG A. Y, HARADA D, RUSSELL S J. Policy invariance under reward transformations: theory and application to reward shaping [C]. In: Proceedings of' the 16th International Conference on Machine Learning, Bled, Slovenia, 1999, 278-287.

[227] 张润梁, 牛之贤. 基于基本操作序列的编辑距离顺序验证 [J]. 计算机科学, 2016, A1: 51-54.

[228] 张焕炯, 王国胜, 钟义信. 基于汉明距离的本书相似度计算 [J]. 计算机工程与应

用, 2001, 37 (19): 21–22.

[229] 李晨溪, 曹雷, 张永亮, 等. 基于知识的深度强化学习研究综述 [J]. 系统工程与电子技术, 2017, 39 (11): 2603–2613.

[230] WIEWIORA E. Potential–based shaping and Q–value initialization are equivalent [J]. Journal of Artificial Intelligence Research, 2003, 19: 205–208.

[231] DEVLIN S, KUDENKO D. Dynamic potential–based reward shaping [C]. In: Proceedings of the 11th International Joint Conference on Autonomous Agents and Multiagent Systems, Valencia, Spain, 2012, 433–440.

[232] 巍瑾, 李伟华, 潘炜. 基于知识图谱的智能决策支持技术及应用研究 [J]. 计算机技术与发展, 2020, 30 (1): 1–6.

[233] NG A Y, JORDAN M P. A policy search method for large MDPs and POMDPs [C]. In Proceedings of the 16th Conference on Uncertainty in Artificial Intelligence, Stanford CA, 2000, 406–415.

[234] 钱煜. 基于模仿学习的策略学习方法研究 [D]. 南京: 南京大学, 2015: 33–38.

[235] SCHAAL S. Is imitation learning the route to humanoid robots [J]. Trends in Cognitive Sciences. 1999, 3 (6): 233–242.

[236] ATKESON C, SCHAAL S. Robot learning from demonstration [C]. In Proceedings of the 14th International Conference on Machine Learning, San Francisco, CA, 1997: 12–20.

[237] ABBEEL P, NG A Y. Apprenticeship learning via inverse reinforcement learning [C]. In: Proceedings of 21st International Conference on Machine Learning, Banff, Canada, 2004: 1–8.

[238] LIU F T, TING K M, YU Y, et al. Spectrum of variable–random trees [J]. Journal of Articial Intelligence Research, 2008, 32: 355–384.

[239] KORMUSHEV P, CALINON S, CALDWELL D G. Imitation learning of positional and force skills demonstrated via kinesthetic teaching and haptic input [J]. Journal of Advanced Robotics. 2011, 25 (5): 11722–11729.

[240] HO J, ERMON S. Generative adversarial imitation learning [C]//Proceedings of the 30th Neural Information Processing Systems (NIPS). Barcelona. Spain, 2016: 4565–4573.

[241] 林嘉豪. 基于生成对抗网络的带多类样本模仿学习方法研究 [D]. 兰州: 兰州大学计算机科学与技术学院. 2019.

[242] SCHULMAN J, LEVINE S, MORITZ P, et al. Trust region policy optimization [J]. Computer Science, 2015: 1889–1897.

[243] SHEN X, ZHANG X, HUANG Y, et al. Task learning over multi–day recording via internally rewarded reinforcement learning based brain machine interfaces [J]. IEEE Transactions on Neural Systems and Rehabilitation Engineering, 2020, 28 (12): 3089–3099.

[244] HU J, NIU H, CARRASCO J, et al. Voronoi–based multi–robot autonomous exploration

in unknown environments via deep reinforcement learning [J]. IEEE Transactions on Vehicular Technology, 2020, 69 (12): 14413-14423.

[245] WU S, HU W, LU Z, et al. Power system flow adjustment and sample generation based on deep reinforcement learning [J]. Journal of Modern Power Systems and Clean Energy, 2020, 8 (6): 1115-1127.

[246] YAN Z, XU Y. Real-time optimal power flow: a lagrangian based deep reinforcement learning approach [J]. IEEE Transactions on Power Systems, 2020, 35 (4): 3270-3273.

[247] FARIAS G, GARCIA G, MONTENEGRO G, et al. Reinforcement learning for position control problem of a mobile robot [J]. IEEE Access, 2020, 8: 152941-152951.

[248] SHOU Z, DI X. Reward design for driver repositioning using multi-agent reinforcement learning [J]. Transportation Research Part C: Emerging Technologies, 2020, 119: 102738.

[249] 裁判委员会. 先知对抗赛陆战想定方案 [Z]. 北京: 先知对抗人机对抗挑战赛, 2020.

[250] 中科院自动化所. 济南棋战网络.《铁甲突击群》陆军战术兵棋推演平台 AI 开发指南 V2.2 [Z]. 北京: 中国科学院自动化研究所, 2020.

[251] 中科院自动化所. 济南棋战网络.《铁甲突击群》陆军战术兵棋推演平台规则说明 V2.2 [Z]. 北京: 中国科学院自动化研究所, 2020.

in unknown environments via deep reinforcement learning [J]. IEEE Transactions on Vehicular Technology, 2020, 69 (12): 14413-14423.

[245] WU S, HU X, LIU Z, et al. Power system fault diagnosis and single restoration based on deep reinforcement learning [J]. Journal of Modern Power Systems and Clean Energy, 2020, 8 (6): 1155-1168.

[246] YAN Z, XU Y. Real-time optimal power flow: A lightweight multiple deep reinforcement learning approach [J]. IEEE Transactions on Power Systems, 2020, 36 (4): 3270-3273.

[247] PABLO C, GARCÍA C, MONTESINO C, et al. Reinforcement learning for port berth control problem of subunits [J]. IEEE Access, 2020, 8: 135041-135057.

[248] SHOU Z, DI X. Reward design for driver repositioning using multi-agent reinforcement learning [J]. Transportation Research part C: Emerging Technologies, 2020, 119: 102738.

[249] 刘建伟, 高峰, 罗雄麟. 基于值函数和策略梯度的深度强化学习综述 [J]. 计算机学报, 2020.

[250] 刘伟峰杨银科, 陈平, 张俊伟. 具有强化学习的多智能体系统协调控制 [J]. 系统工程与电子技术, 2020.

[251] 邱子良. 基于深度强化学习的无人机自主导航研究 [D]. 哈尔滨工业大学博士学位论文, 2020.